Nouilles froides à Pyongyang

by Jean-Luc Coatalem

平壤冷麵

一位法國記者
暗訪北韓的見聞紀實

尚─路加・葛達廉──著　睿容、王書芬──譯

推薦序

我在北韓——一趟不可思議之旅

壹電視新聞台總編輯　陳雅琳

跟著本書作者、法國知名記者尚－路加・葛達廉活靈活現的筆觸，我再次來到那個極端不可思議的國度——北韓，腦海裡滿滿的荒謬記憶，又被激活起來……。

那是二〇〇九年初，我申請進入北韓。但，我跟葛達廉不一樣的是，他為了隱藏記者的身分，假裝自己是旅行社業者；而我，則光明正大地用記者的身分去申請，只是名義上是為了報導北韓國寶人參。但萬萬沒想到的是，申請之後，兩位美國女記者就被金正日政權抓了，還囚禁長達五個月，最後是勞動前總統柯林頓直接深入平壤，不知跟金氏王朝交換了什麼利益，才終於把兩位女記者帶出鐵幕。

也因此，那年進入北韓的申請案就被擱置了半年，直到八月，透過頗有人脈關係的中國商人大力運作，才終於被批准；但此時，反而是我的攝影記者卻步了，因為進入北韓就是失聯的開始，他的雙親太擔心安危，還提醒我說「咱們台灣可沒有柯林頓總統喔！」，說什麼也不想讓寶貝攝影記者兒子跟著我去造訪那個充滿不確定性的共產社會。但，獨家核准的機會實在太難得，我後來費了好一番功夫說服他們，才終於成行。

接下來，就是我今生一連串大驚奇了！手機在海關會被沒收、任何可傳遞知識的文化產品都進不了這個國家、刊物被視為跟毒品海洛因一樣等級的禁制品、每個人胸口心臟跳動處都要別著金日成的肖像徽章，在在都已經令人瞠目結舌了；沒想到，好不容易遵守規範地進到北韓了，圍在你身邊的都是國安人員，一進海關就有人拿著大大攝影機對著你拍，他美其名說最後會送你一片旅遊光碟，實際上卻是無所不在的監控。還有，導遊也是國安軍人、同行的還有另外的國安人員，大家彼此不信任地相互監督；晚上回到飯店，還有更高階的國安人員來檢查我們拍攝的畫面，而且是那種一格一格地仔細檢查，這位最高長官總是表情冷酷，從頭到尾幾乎只跟我重複地說著同一個單字：「Delete」（刪除）。唉！沒有新聞自由的國家，哪裡看得到真相呢？

當時，北韓同意我入境，還有一個條件，就是必須繳交十萬美金的保證金，哇！十萬美金，這可是三百萬新台幣耶，好大的一筆數字，我哪有辦法，還好是那位帶我進入北韓的東北商人幫我們繳交；但三百萬到底是要保證什麼呢？「保證我們平安歸來嗎？」哈，這是絕對不可能的；相反地，這是一種威脅，亦即：「保證我們不做任何負面報導，否則……」

我生性講義氣，這回知道朋友為了我繳交三百萬，再怎麼樣也不能造成人家的損失，更何況人家也是冒著生命財產危險帶我們進入北韓的。但，明明所見所聞，俯拾皆是負面事物，卻完全沒有言論自由，真的很憋。

例如，我每天都被帶去拜「永遠偉大的領袖」金日成，不拜也不行，攝影機一直對著我拍。有一天，我決定發問一個肯定不會被抓起來的問題：

「請問，金日成到底做了什麼偉大的事啊？我們每天都來參拜他。」

「妳知道二次世界大戰是怎麼結束的嗎？」軍人導遊這麼回答。我內心揣度著，答案不就是美軍在日本長崎和廣島投了兩顆原子彈而終結二戰的嗎？他怎麼會這樣問，嗯……勢必不是這個大家習以為常的答案，所以，我故作笨蛋樣：

「呃……二戰怎麼結束的喔？我不知道耶，那到底是怎麼結束的啊？」

「好，我告訴妳，就是金日成打敗日本的！」

頓時，心頭為之一驚，連忙故意附和地諷刺著說：「原來如此喔，金日成真是偉大啊！」

天啊！這就是全世界僅存、真的徹底實施共產主義的北韓，完完全全的思想控制、徹徹底底的洗腦，對我這位在野百合學運後拋棄終身教職而跑去當記者的知識分子來說，當然想把這一切的真相報導出來。無奈，三百萬現金和朋友的人身安全卻完全掐住妳的咽喉，實在不敢寫「洗腦」的字眼，只好說「這是經過一個既深且鉅的教育歷程而來的」，希望聰明的觀眾可以知道我那充滿寓意的字裡行間啊……。

還有，我被規定，不能拍軍人。剛開始，我還納悶，因為每次在媒體上看到的北韓軍人，出場的聲威都嚇死人，不是雄壯威武、精神抖擻嗎？幹嘛不能拍？直到我真的進到北韓，實際看到的軍人大多營養不良、又矮又瘦、又沒受過教育的模樣，這才終於恍然大悟。但，我還是不能拍啊！直到有一天，到北緯三十八度線的人參田，當場遇到一位宛若兒童背大槍的少女兵，又是個營養不良與沒受過教育的模樣，我決定闖關，我站出來做個走動式的STAND（電視記者入鏡講話），然後路線故意經過那位女兵，希望「聰明的觀眾」能自己看到我背後閃過的畫面，那可是踏踏實實的北韓軍人模樣啊。但，果不如其然，回飯店後那位高階國安人員簡直抓狂，幾乎是尖叫地大喊「Delete! Delete! Delete!」，但本姑娘也早有心理準備，備好一套說辭不斷設法說服他，最後才終於留下那個僅存的珍貴畫面……。

　　飢荒、貧窮與營養不良，這個不能公開的祕密最是令人衝擊；這次，當我看到《平壤冷麵》的作者寫到：「我們在這個死氣沉沉的國度裡遇到的胖子只有兩個，就是領導人金氏父子，一個已經死了，另一個還活著。」看到這裡，不好意思，我真的笑了，這是一種會心一笑、也是一種無言的共鳴；北韓，有太多的不可思議，透過這本書，您一定有大大的驚奇！

我永遠記得，我在北韓唯一的一條高速公路上，等待著汽車出現，無奈，最後只等到一位騎著腳踏車的阿伯。看北韓，切勿只看金氏王朝給你看到的，要看，就看我們這些冒著生命危險、隱藏各種身分而進入北韓的故事，那是記者最真實的游擊戰報導，是親身處於沒有民主人權與新聞自由的國度裡，所奮戰出來的最真實的聲音與影像。儘管，過了幾年才能講，但總算，也講出來了，只希望，這個世界，有朝一日，大家都能真正擁有免於恐懼的自由！

（本文作者著有暢銷書：《希望回來了》。）

推薦序

北韓依然神祕

文字工作者　阿潑

在我「宏大」的踏遍東亞／東南亞計畫中，始終有個國家懸在那兒，沒有接近的打算——並非沒興趣，事實上，我對它好奇極了，對於每個旅行愛好者來說，這個連人造衛星都照不到的世界，完全是個謎，簡直等著人們去探尋。

上面這段描述，不是太難的謎題，幾乎每個人都知道答案就是北韓（朝鮮民主主義人民共和國）。畢竟，現在亞洲還有哪個國家如此神祕兮兮，不論什麼事都可以當成新聞讓世人大驚小怪——前陣子，北韓人民使用手機的新聞，便被煞有其事報導了一番。

正因為這個封閉的國家是此番樣貌，到此地旅行就變成很「另類」之事。

說北韓封閉，也不盡然。一九九〇年代，為了增加外匯，北韓開啟觀光旅遊業後，已有不少人踏上這塊土地，道出經歷和見聞；在網路時代，甚至可隨意瀏覽各種北韓遊記，不論平壤凱旋門、主體思想塔、羊角島國際飯店，乃至於阿里郎大型歌舞劇的照片，都讓我們宛如親臨其境。但也正因這些景點和照片，都像是一張張複製出來的風景明信片，更讓人相信，在北韓旅行，就像進入了一個大型國家片場，觀看、視角和體驗，都被引導、規範和限制——是的，你能到北韓旅行，但你必須看我們給你看的。

這樣的旅行，就像品嘗一道冷掉的菜，光是想像就失了胃口。對於帶著濃烈趣味的旅客或記者來說，肯定是種折磨。

至少，閱讀《平壤冷麵》給了我這種感覺。

冷麵，是韓國傳統美食之一。根據李朝朝鮮後期的《東國世食記》記載指出，冷麵發源於十九世紀中葉朝鮮的平壤和咸興地區，平壤地區的冷麵特色是加湯食用的「水冷麵」，而咸興冷麵是用辣椒醬做調料的「拌冷麵」。

本書作者尚－路加．葛達廉並未明說為何將本書命名為「平壤冷麵」，但也不難想像。在經歷過長長一段北韓旅行，回到首都平壤後，面對導遊的勸進，作者品嘗了這道號稱平壤特產的食物，卻引起胃部疼痛：「容我在此大膽說出實話，是因為飢餓引起的胃部不適。」

讀及此，我竟沒良心笑了出來。

在這本書中，作者不只一次抱怨食物分量少，而這次他真的直言飢餓，「不論是這場即興創作的表演或冷麵，都無法溫暖我們的胃和靈魂。」

我認為這段話簡單說明了這段北韓之旅對作者而言的「空虛」。在我閱讀過程中，也不免一直搖頭，好慘啊，但看遍網路上的北韓遊記，沒有幾個人發出如尚－路加．葛達廉這般酸苦抱怨，雖然行程同樣樣板，食物看來也乏味，但最起碼滿足了旅客某種程度好奇——或者更重要的是，食物分量看起來比尚－路加．葛達廉描述的還多一些。

但若不是尚－路加．葛達廉有「任務」在身，他可能會更懂得「享受」這段旅行。身為一名記者，他對北韓相當好奇，在二〇一一年北韓領導人金正日去世後，動念前往北韓採訪。當然他也知道這個國家不會開門讓他東問西問，更由不得他四處趴趴走，於是想了個方法「化身採訪」——假裝自己是旅行社負責人，要開發北韓這個旅遊市場。藉著這個名義，他進了北韓，也經歷被人監視、動彈不得的行程。

也因此，全書皆是他個人的經歷，並適時穿引些背景和歷史介紹，甚至還與他隨身讀物《瑪地》相呼應，「在這段旅程中，所有事物都是強加且事先安排好的，熱情評論閱讀作品某種程度給了我們心靈慰藉。對我們而言，閱讀是對抗枯燥無味北韓的解毒劑。北韓的模樣從後車窗不斷展現，我們也是由此觀察北韓的社會百態，車速在欺騙我們……。」

他鉅細靡遺地記錄行程中的點滴——因為除此之外，他也沒能多問些什麼，而導遊、監督者是與他對話最多的北韓人，但在他眼裡卻是找麻煩的傢伙——當然對他們而言，這個法國旅行社負責人亦同，到全書最後，雙方都恨不得快點擺脫彼此。

但也因為如此，《平壤冷麵》比書市上其他北韓相關書籍更有人味些（這波北韓熱到底哪兒來的？），也比其他記者客觀理性書寫、脫北者的自述，更主觀又「酸味」，甚至比其他北韓遊記來得更深入且豐富些。

我忍不住想起自己與北韓的「咫尺之遙」，一次是在南韓的共同警戒區內，與北韓板門店差不過三四公尺的距離，甚至在會談小屋裡輕鬆就過到北韓那方；一次則是在中國延邊，隔著圖門江和北韓對望，旅遊中心有份介紹：「搭火車到北韓旅遊一個下午，只要人民幣ＸＸ元。」但細看這段行程，就是到北韓的某個民俗村，看個表演吃個泡菜就可回來了，彷彿是個「打卡」的旅遊概念。

《平壤冷麵》也提到我曾到過的地方，但作者自然是站在我的對面。讀完這本書，我想像著或許我們曾同時在邊界線的那一頭，但即使如此，北韓對他來說，依然神祕。就和這一頭的我的感受一樣。

（本文作者著有：《日常的中斷》、《憂鬱的邊界》、《介入的旁觀者》。）

「賈勒，我們出發吧？」
「出發！」

——《瑪地》，赫曼・梅爾維爾（*Mardi*, Herman Melville）

緣起

二〇一一年春，我趁人在北韓旅遊之際，在一本不起眼的記事簿上逐日記下這些筆記。我完全沒妄想要了解北韓這個國家有多複雜，那是歷史學者或學有專精的觀察家該煩惱的事；我寫這些筆記的目的很單純，不過是想陳述在「紅色天堂」的所見所聞，或者更確切的說，是記下這個凡事都受到嚴密監控的國度所呈現出來的樣貌。某種程度上來說，這是一本遊記，以鉅細靡遺，但對人事物保持旁觀距離，有時新奇有趣，而且保證童叟無欺的方式來描寫這個謎樣的王國。一位美國外交官近日曾鐵口直斷：「一般人對北韓的了解，要比對遙遠銀河系的了解來得更少。」

自從北韓「偉大的領導者」、又稱「革命首腦」的金正日於二〇一一年十二月在他個人專用的裝甲列車內猝逝後，電視上到處上演人民集體歇斯底里的哀悼場面；不久就由他那鮮為人知、剛滿三十歲的兒子金正恩接下權位。年輕的金正恩臉頰豐潤，笑容滿面，兩次現身人民遊樂園，似乎展現了改革的企圖心（北韓的經濟的確拮据），他成為「偉大的接班人」，在人民軍中自我擢拔，先為大將，後為元帥，並延續父祖輩所建立的計畫重啟導彈試射與核武發展。儘管他娶了吸睛的前流行歌手李雪主為妻，又開放北韓女性騎自行車和穿高跟鞋，但這些都無足輕重；時至今日，這些精心計算的改變，絲毫不曾動搖金正恩在北韓的基本政策和他在金氏王朝的穩固寶座。封閉的北韓彷彿被一只老虎鉗夾住，始終動彈不得；它受全世界最專制的政體統治，在封鎖的國境之內，監視崗哨林立，人民彷彿活在一座巨型露天監獄中。

克洛漢從來沒有出過遠門旅遊。我甚至懷疑這位從前滿頭豐厚紅髮，梳著象徵主義詩人韓波髮型的朋友，是不是根本不敢搭飛機。他大概只離開過三次我們可愛的法國國門。現年五十六歲的他，駝背加平頭，卻仍有著驕傲的外表，而一百九十二公分的身高足以讓他睥睨一切。雖然他經常都是沉默得像遠古化石，但一開口就酸言酸語，甚至有些粗魯的感覺。可是克洛漢深藏不露，需要的時候，他能流露出豐富的情感，也會可愛得跟個小孩一樣。

他已經有好幾年沒有離開居住和工作所在的市區，這兩處分別位在巴黎市相鄰的兩區。他喜歡粗呢和亞麻布料，也愛穿著他所收藏特殊樣式的訂製皮鞋。成功的事業讓他得以獨來獨往，深居簡出，而無後顧之憂，他只按照自己劃定與選擇的標準做自己喜歡的事。坐擁財富且單身未娶的他確實有本錢這麼做，其他的事情他一點也不在乎。

可是，自從克洛漢身體出了問題，有心臟疼痛的情形以後，他經常覺得腳麻。也該是他鬆綁好奇心，放膽遠行的時候了。總之，他終於說服自己走出去，看看外面的世界。

那天，在國民議會附近的咖啡館裡，我們又提到我將要去採訪的北韓，這個他一直深感好奇又著迷的金氏王朝之國。我對他說，這次是以旅行社開發新市場的名義出去的，沒有讓北韓官方知道我真正的目的，這樣一來行程才能活潑有趣，不致落入制式俗套。小克假裝陷入沉思，然後詢問我往返的日期和行程，接著突然向我脫口而出：

「聽著，我這樣做也許有點過分，但是如果不會對你造成太大麻煩的話，我希望可以做你的跟班：和你搭同班飛機、預定同家旅館，總之，和你寸步不離……」

霎時間，我彷彿成了一隻被迎面而來的四輪傳動車頭燈強光閃瞎的袋鼠，正努力地回過神來。我沒聽錯吧？我的老夥伴長途旅行過幾次？從來沒有啊！如果他要去北韓，可是得忍受巴黎直飛北京，北京再直飛平壤的漫長旅程呢！我該不該提醒他，每年夏季度假時，他最遠只到過南法朗格多克區的河谷，在那裡躲太陽、避人群、啃書本？

「你瘋了嗎？我先提醒你……」

「一不做，二不休！既然我從不出遠門，要跑就跑個夠遠！」他趾高氣昂地說：「行程安排、金錢處理、過境轉機、所有大小事，全部由你決定，我全靠你！這一次，我就是要去別人不去的地方！」

「你可知道北韓持續鬧飢荒，又鄰近日本福島？只要風向一變，北韓首當其衝，就會被輻射塵汙染。沒有人勉強你。記住，一旦你坐上飛機，扣上安全帶，就別想……」

他卻有如王子展現威風，手背向外一揮，把我所持的反對意見如落葉般拂去，又再點了兩杯加了一點點牛奶的濃縮咖啡。看來他是吃了秤砣鐵了心，我只有讓步。再想一想，這樣也不算太瘋狂：他可以像間諜影集裡演的那樣，做我的「掩護」；我的旅途也不會那麼孤單。

「和你如影隨形，絕不節外生枝！」克洛漢鼓足勇氣向我保證：「再說，那兒畢竟是世界上最極權的專制國家！」

由人造衛星拍攝的照片可以看到，屬於北韓的陸塊因為極度缺乏電力，在整個地球上顯得特別漆黑，有如深陷的凹洞，是一處暗域。我們會在供電及照明設備較充足的中國大陸轉機。

「這樣至少我們不會馬上迷路。」我調皮地說。

事情就這樣定案。

☀

雖然我撒了謊，但到底是小罪，也就算了。首先我謊報職業。北韓政府規定，外國記者如果沒有受到官方邀請不得入境。二〇〇九年，兩位美國電視台特派記者非法入境，結果被控從事間諜活動，足足關了五個月，最後還是前總統柯林頓出馬，親自抵達北韓斡旋，才讓遭拘禁的兩人重獲自由。我隱瞞自己出版社編輯部外派員的真實身分，搖身一變成為獨立作業的旅遊業者，如此才能申請官方簽證。我還為了我的「微」公司印製名片：本公司提供旅遊和休閒諮詢服務。光憑實地親赴旅遊地考察的專業報告，我就能像動作靈敏的河狸那般，使河川的支流改道，說服數以百計熱愛出國旅遊、不計較目的地的法國、瑞士和比利時優質觀光客改變他們原訂的旅遊地點。就算是物資匱乏、狂妄偏執、崇武好戰，且被美國視為邪惡軸心的北韓又如何？我人脈廣闊、能言善道，有固定客源。這是我的名片。小心，油墨還沒乾。

沒錯，這麼多年來，我的確經常往返於法國東部和亞洲之間。我護照上的各國簽證可茲證明。最近三年，我就去過寮國、柬埔寨、越南和兩次中國。說到亞洲的共產主義國家，我可知道一籮筐！再說，我以前待過法國航空子公司，必要時我還能用上行話，行李託運、過夜旅館、訂票訂房等等術語都朗朗上口。我也有個在導遊業界工作的女性朋友，所以我大可以假亂真。各位北韓父老兄弟，請你們放心，我從來就不像那些重量不重質的多產記者，一派主觀，胡亂報導！你們說：「萬一真實身分被發現怎麼辦？」要不就像我的一位同事那樣，在要下飛機時才被禁止入境平壤。要不就更棘手一點，在旅途中被軍方驅逐出境。到時候再說吧。

巴黎的兩家旅行社向我大力「推銷」這個朝鮮民主主義人民共和國（英文縮寫DPRK，即北朝鮮），可惜成效不彰。第一家旅行社根本不理會我那再簡單不過的基本要求：不必天花亂墜搞噱頭，只要告訴我到底行程裡的每一天在這個全世界最封閉也最多警察戒備的國家可以看到什麼就好。不用多，也不用少。他們努力先說服我：再怎麼說，在北韓嚴峻的外表下應該深藏至寶：被薄霧籠罩的尖峰、高山湖泊、泛閃藍光的冰河、瀑布、黃海沿岸、由撐著油紙傘的和尚僧人們打理的佛寺廟塔、年代可追溯到論功行賞分封領地的古代墓穴壁畫、星羅棋布於纖細的松樹林中的千百棟小木屋，以及百齡的柳樹和槭樹。既然北韓政府標榜當地人民生活自給自足，所以還有可能親眼目睹亙古不變的農村習俗，比如插秧時節，農人在一畝畝的稻田間敲鑼打鼓的慶祝活動。

我想得太美了！沒錯，和我接洽的人告訴我，他的聯絡人突然都沒消息。這下子不但不能用他當大木馬，掩護我攻進特洛伊，甚至還得一直聽他說，雖然他自己從未踏進北韓一步，「即使您對北韓的看法有道理，可是我們不應該有先入為主的偏見，北韓比人家說的更有趣，甚至可說是個很美的國家，人民和善極了，在那兒也吃得好，風光美不勝收，但還是請您不要指望我，我也不想睜著眼睛說瞎話……」

第二家旅行社照我的要求安排了行程，還附上以下條件：當年度稍晚之後才可以用英文假名或北歐語系的假名出版我的作品，隨便我要叫朱利安．肯特或是歐拉夫．艾斯克尚德都行。不要帶攝影師，不要在作品中對北韓政府做太多尖銳的批評。最後，「千萬不要，怎麼說呢，和北韓女人發生……人家說的性關係。這可是非常冒險的，不是嗎？因為這樣會被判死刑。」我對他們的服務非常滿意，答應照他們說的去做，然後付了該付的錢。現在只剩下簽證要拿。

有人已經事先告訴我：在巴黎會先有一次身家調查，北韓大使館會約見，問一連串的問題。少說也是和他們的外交人員面談（還是接受盤查？）。為此，我重錄電話答錄機留言，變更住址，連薪資單的抬頭都改成假名稱，我還得提供稅單，又三番兩次提醒親朋好友講該講的話，讓無論多麼勤勞不懈的訪查員也找不出破綻……可是竟然沒人打電話給我，我成了漏網之魚！原來他們找上了克洛漢。他厚著臉皮，跟他們說我們兩個是結伴同行的朋友，一個是商人，另一個是旅遊業者，說得一副煞有其事的樣子。我想我的老夥伴真的是想去北韓想瘋了，所以謊稱自己曾是激進的托洛斯基擁護者，並對共產主義的未來懷抱美好憧憬。

我們的中國簽證和北韓簽證都發下來了。我們要搭中國國際航空到北京，過境二十四小時以後，再轉機前往平壤。我們即將把自己鎖進這個全世界最封閉的國家，度過十二天的旅程。

在戴高樂機場，克洛漢推著整個機場唯一一台四個輪子會吱嘎作響、前進時還會歪歪斜斜的行李推車。克洛漢既沒有行李箱，也不想買（畢竟以後他還用得到嗎？），所以他提著一只西裝袋，拎著兩只鄉下醫生用的大手提袋，裡面塞滿個人用品和三大本七星文學叢書[1]。我早就建議他準備好小面額紙鈔，所以他去銀行換了兩百張五歐元小鈔，疊成一疊，放進牛皮信封袋裡。他打扮得像個優雅的紳士，穿著粗呢西裝，口袋上裝飾著櫻桃色的手絹，足踏John Lobb松青色絨面小牛皮訂製鞋。人家可能會把我們當成同志——這樣又升高了我們在北韓旅遊的危險性。

我們從巴黎機場第一航廈二號衛星建築登機門起飛離開法國。說心裡沒有一點擔心是騙人的。夜裡只聽見飛機引擎規律的隆隆聲。

---

1 Gallimard出版社以七星Pléiade為系列名，出版一系列文學叢書。

航程之後，一出北京機場，我們就搭上一輛有冷氣的計程車。行李一放進後車廂，車子就直奔在快車道上。我事先就訂好了計程車，因為我們沒有迷路的本錢。司機先生，請來點音樂，不要太大聲，謝謝。車內冷氣輕輕吹拂助眠下，我在座位上小睡片刻，恢復了體力，車子開到蓬勃發展的北京郊區，大樓林立，群聚在炙熱的天空下。我們的駕駛技術精良，在擁擠的車陣中穿梭自如。他工作不帶感情，因為對他來說，載我們快速平安抵達目的地，不過是完成又一次的任務。他接連開上和穿越好幾條環城道路，疾駛在交通順暢的北京城。

我只想爭取時間，我們行程緊湊，不容浪費。最好可以一石二鳥，趁飛機直飛距離北京九百公里的平壤時，好好補眠。至於時差問題，將會神奇地互相抵銷：在幾個小時之內，我會重新度過一段我已經度過的時間；我需要將手表調快幾個小時，但我不會覺得累，半夜三更照樣精神飽滿。我要盡量爭取時間，之後才能隨心所欲任意揮霍。轉眼間，我們已抵達預定的民宿。

下車十分鐘不到，我已經住進客房。這裡本來是將軍府邸，後來改建成民宿，位於北京東城區湖的東邊。這座民宿低矮的格局、灰磚與飛簷，令我不禁想起上個世紀初作家謝閣蘭（Victor Segalen）所住的房子，就位在北京城各國使館區邊緣。當時留下來的照片呈現出一種「幾何式的寧靜」：一座庭園，好幾尊石獅子，長形的房間舒適通風，皆與此民宿相仿。在這裡，進到一樓前要先登上三個寬大台階，上面錯落著陶瓷盆景。大門是紅色木門，屋裡面的則是不透光的紙門，方正又發亮的家具上面鋪著寫滿中國象形文字的白色桌巾，我們彷彿來到《賀內・雷斯》（*René Leys*）這部小說作者的書房，他在那裡反覆不斷地學習中文。由於民宿位在胡同裡，讓人得以遠離隆隆的車聲和喇叭聲，使初來乍到的旅客能細細品嘗這份令人安心平和的感覺。

我換好人民幣，打開行李，又沖了澡。在和克洛漢出去吃晚飯（或午飯）之前，我給自己一小時的閱讀時間。金日成雖然不曾讀過什麼優秀作家的作品，卻不斷地強調：「書本是無聲的老師，生活的伴侶。」為了這次旅行，我既沒有帶報紙（禁止攜入境），也沒有帶手機（會被沒收）、電腦，連個MP3隨身聽都沒帶，實在可惜；畢竟我這幾個星期以來一直反覆聆聽大衛・弗雷（David Fray）演奏的巴哈鋼琴曲，還有尚・路易・穆赫（Jean-Louis Murat）的歌曲錄音。不過我倒是拿了三本原則上不會惹麻煩的書：皮耶・梅當（Pierre Mertens）的《暈眩》（*Les Eblouissements*）；另一個比利時詩人馬歇勒・堤希（Marcel Thiry）的詩集，封面上有一隻被吊車吊起來的亞洲象，兩隻眼睛慌張地轉動著；最後是我特別為這次旅行買的梅爾維爾小說《瑪地》。這部小說在講一名水手在捕鯨船上過得非常無聊，船長好幾次對他叨念說如果覺得受夠了就走人，「如果受不了，你就走吧！」這樣他就能「被微風吹向下風處陽光普照的小島」。要下船嗎？沒想到他竟把船長的話當真，成了逃兵，划著獨木舟，偏離航道冒險前行。這本書描述的主題就是中間歷險的過程。

　　我成功征服了這一個小時。我有馴服空檔時間的能耐，讓它像小動物一般乖乖待在巢穴裡。民宿的女服務員正在用掃把耙著地上一塊又一塊的灰色石板，我竟愛上了她嘴裡哼著的單調歌曲。籠子裡有隻鳥兒，正試著鳴叫，只是籠子用布矇著，所以看不見牠……

克洛漢來敲我的房門。他餓了；會餓從來就不是過錯。所以我們離開民宿，進北京城去。那夾雜著油炸、塵土和金屬氣味的空氣，令人不自覺地又驚又喜，因為前一天晚上我們才在巴黎街頭散步。我們坐在一家餐廳二樓露台上，頭頂上方有著像蜘蛛網般錯綜複雜的電線，隱沒在逐漸溫潤的夜色裡。我們點了啤酒、豬肉炒麵和大蒜炒空心菜。不到十分鐘，菜就上桌，我們好像被當成餓鬼，給的分量又大又多，我們吃得津津有味。

為消磨這個夜晚，我身上還有一張玫瑰紅色的一百塊人民幣，足夠叫一輛計程車載我們繞北京城逛一圈再回到民宿。我們在大街轉角叫了一台車上有棉製頭靠枕的紅色迷你小車，但人高馬大的克洛漢必須彎腰屈膝才能塞進車裡。如同包法利夫人反覆告訴自己有了情人，我的夥伴也不停地自言自語他人在亞洲，已經抵達北京，置身於棋盤似的街道和迂迴的圍牆之間。我們在幾乎動彈不得的行車隊伍當中，緩緩繞行天安門廣場，毛澤東的肖像在這裡鎮守著紫禁城的大門。而中國的喧囂就在一片橙紅的霧氣中，從這個輪轂中央向外開始發散。

勤快的司機先生幫我們完成過境手續和行李登記，又為克洛漢劃到一個接近緊急出口的位置，這樣才有足夠的空間伸他的長腿。司機用帶著落井下石的語氣說了一句話後把登機證還給我們：「你們要小心，也許到時候他們不會放你們走！」

話雖如此，克洛漢還是塞了兩張鈔票給這張烏鴉嘴。

中國國際航空到平壤的班機並沒有坐滿。我們沒有選搭高麗航空，因為它的伊留申客機和圖波列夫客機實在年代久遠，早被列入飛安黑名單。機艙裡最多約四十名乘客。其中幾個是西方人，大概是技師或商人，還有一群一群的北韓人。他們穿著硬挺的藍色西裝外套，胸前別著金日成的胸章，看起來好像國中生。他們小男孩似的髮形和矮小身材，更加深我這種感覺。北韓人身高平均比南韓人矮二十公分。這些人一定都是從「核心階級」中「精挑細選」出來的，所以他們才能出國。而能出國的北韓人全都有任務在身，幾乎都會回來。如果他們沒這麼做，他們的家人或甚至是鄰居都會遭到逮捕，送入集中營。北韓政府實施「連坐法」，將脫北者的近親監禁起來，讓他們絕子絕孫。（一九七二年北韓領導人曾經頒布法令：「敵人不分階級，為剷除其根源，應連續懲罰三代。」）背負著這樣的重擔，未來的生活肯定會很難過！的確，脫北者從而獲得了自由，但是當他在首爾大賣場的商品貨架間推著手推車，或者在高消費的狎鷗亭精品店前徘徊時，怎麼忘得了那些因為他而被拘禁在鐵網圍籬之後的親人呢？

正當心思細膩的克洛漢反覆咀嚼文筆細膩的保羅．瓦樂希（Paul Valéry）所寫的隨筆散文（莫非我身旁這位先生正在測試《特式特先生？》〔*Monsieur Teste*〕？）其中一頁時，我們的波音客機也輕輕將前輪降落在柏油停機坪上。從機上的窗戶往外望，我們看見數座山頂被剷平而顏色像烤焦麵包的小山丘，一片糊糊的乾旱稻田，還有幾條如蛇行般蜿蜒的道路。偶爾會看到幾座掛著電纜的高壓電塔。幾乎看不到有人在活動，也沒有行進中的車輛。只有一輛車尾冒著濃煙的卡車——因為缺乏石油，所以靠燃煤啟動。

剛過正午時分，一如一年當中每天午後，平壤國際機場的民航和軍用跑道維持一貫清閒的班機運輸量，當中包含我們搭的這架班機，以及不久後要飛往西伯利亞的班機。六架軍用直升機正對著三架前後直線排列的米格戰鬥機，其中兩架沒有棚架遮護，在陽光照射下閃閃發光，準備起飛。左手邊，整排的風向袋支柱中間，一棟建築物頂端有塊水泥凸台，上面聳立著永恆領袖金日成威嚴的巨幅肖像，在灰濛濛的空氣中格外鮮明。四處都張貼著三〇年代廣告復古風、宣傳國際春日節慶演出的海報，連到飛機客梯邊接我們的小客車車身側邊都沒放過：兩個金髮、高瘦的歐洲人，男的穿著銀色圓領緊身衣，女的穿著紅色花冠狀的芭蕾舞裙，正要翩然起舞……

勇敢一點吧！我穿過玻璃門，向海關窗口前進，窗口後的每一位「北韓仔」分別穿著深藍和卡其綠制服。我把護照遞給戴著蘇聯大盤帽的海關人員。我們彼此對看。是我沒錯。靜默片刻後，他在老舊的電腦主機上查閱一份檔案。

就在這一刻，出乎意料的，整個機場都跳電了，四周一片昏暗……該怎麼辦？不動聲色就對了。我得和其他旅客一樣耐住性子排隊，不要亂動。有人咳嗽。有人動動腳。有人居然還敢用英文開玩笑。每一分鐘都顯得特別漫長。突然聽到喀啦一聲，所有燈管都發出閃動的綠光，可以重新開始停電前的動作，機械僵化的聾啞默劇又要重新開演。控制機台後面也亮起來，海關人員重新提起精神，兩個士兵守在我們面前的行李輸送帶，電動輸送帶上面又慢慢吐出貼有各式標籤的行李。我的護照蓋了章，行李也拿了，就剩下行李搜查這一關。排在我前面的英國人就沒那麼幸運，他得讓海關人員用螺絲起子拆開他的iMac手提電腦。為什麼要拆？海關人員回答他：「以免迷你炸彈入境。」每支手機都會彌封在一個小塑膠袋裡。

我終於出關了，而克洛漢還在等。我踏進北韓領土十公尺。又重新陷入一片沉寂，就好像走進一個空空如也的囊袋，一個伸手不見五指的黑洞。這裡沒有人來接送機，沒有珍重再見，也沒有久別重逢——這裡的人幾乎出不去，也沒多少人要進來。沒有汽車，沒有摩托車，連腳踏車都沒有。沒有一點城市的喧鬧，只有寥寥幾個身影蹲坐在泥濘的田野當中，後面是六間有著髒汙白牆、赭紅色尖角屋頂的房子。烏鴉成群。我算了算，在一個修剪過的圓環周圍有十棵光禿禿的樹；在最近油漆過的籬笆後面，四輛中國製的迷你巴士正曬著四月的太陽。四周彷彿沒有真實的生物。你會以為這些看似迷你模型、粗糙的合成紙板、泡綿製成的矮樹叢、鐵絲都是做好後被推到此處的布景。實在是不登大雅之堂的粗製濫造。

有個男人終於把身體移開他一直靠著的牆壁。他和另一個男人一起吸菸。他直盯著我和克洛漢。他沒有拿寫著我們名字的牌子，而且雖然他沒見過我們，卻馬上就認出我們來。他上前鞠躬哈腰，自我介紹。這位金先生將是我們的導遊。他通曉法語，身材瘦弱，動作靈敏，一撮過長而顯得滑稽的瀏海，不時得用手撥開。他看起來腦筋靈活，做事嚴謹，頗有教養。偉大的領袖金正日造訪非洲時，他曾是代表團的一員，負責口譯。是親近勞動黨人士。

陪著他的那位，我管他叫金先生二號。他絲毫不引人注目，身材較矮，有著早熟男孩的習氣，大部分的時間都面無表情，不然就是奸詐狡猾的模樣。他會說日語和簡單的英語，卻沒有努力表現出親切好客的樣子。他穿著靛藍色維尼綸西裝外套，這種硬挺閃亮的人工合成布料，是由北韓博學多聞的研究人員從石灰石和無煙煤中提煉出成分製成（！），使他看起來有便衣高階軍官的英姿，而我猜他應該就是。他並不是要來為我們的旅行增加歡樂氣氛，而是來監督他的同志，同時處理行政問題。金先生二號將要和我們朝夕相處，成為我們的一分子；他不時從票本上撕下票券，並在上面簽上我看不懂的字，用他的手機打電話給我不知道是誰的人。他的電話使用北韓境內專有的電信網路，他講手機的時候都輕聲細語，小心謹慎，用手掩住話筒……

第三位同志我猜他不是天生啞巴就是極度靦腆，生得矮胖粗壯，圓圓的頭顱，坐在同志交通車的駕駛座上，為我們駕駛迷你巴士。這台小巴士的座墊很硬，避震器幾乎沒有作用。至此，我們在北韓的貼身伴護隊已全員到齊。這個伴護隊顯然超級黏人，而且也不會主動提供協助。

金先生讓我們上車就座以後，馬上把我們的護照收去逐頁翻閱，一一檢查戳記，彷彿他才是海關總管。接著他告訴我們要把護照交給他保管，並且透過金先生二號向相關單位「登記」。給哪個單位？回答得很含糊。我試著提反對意見。但不可能。登記！這下子我們在北韓期間就再也看不到、摸不著我們的旅行證件……從此以後，他們就可以牢牢控制住我們了，因為北韓並沒有法國大使館或領事館。能夠去向誰投訴？沒有身分證件離開得了嗎？就算我到得了中國，也會被原機遣送回北韓。

所以我選擇以下策略：走一步算一步，不斷地告訴自己，最糟的情況目前還不能確定。然後只要遇到那顏色和咖啡品牌摩卡雷克斯附贈的（Mokarex）士兵玩偶一樣，而且數量少說也有三萬四千座的「偉大的領導」雕像，就盡量頂禮朝拜。這些雕像上的金正日容光煥發，張開右臂，迎向勝利的未來。

真是令人害怕。這半年來我讀遍法國和外國報紙有關北韓的報導。簡而言之，和敵對的南韓兄弟鬩牆，彼此之間的大小衝突不斷增加（一艘南韓海軍巡邏艦遭到北韓軍方魚雷攻擊，造成四十六名官兵喪生；南韓延坪島邊境小島被北韓連續砲擊；南韓和北韓難民之間難解的紛爭），核武發展問題持續發燒，全國飽受飢荒之苦，遭洪水蹂躪，加上口蹄疫爆發，農作歉收，又受到國際貿易制裁。更糟的是，因為本季風向會變換，使得日本福島輻射塵可能隨著季風吹到北韓，但究竟如何，至少要等事後才會知道。

對於領導人金正日的么子金正恩，也有許多負面報導。這個肥頭胖小子才剛滿三十歲。他曾在一九九六至二〇〇一年間，以平民的身分留學瑞士伯恩，所以他會說德語和一點法語。他自稱是麥可・喬丹和尚－克勞德・范・達美的粉絲，也是勞力士表的愛用者。

附帶一提，他本來是情報局頭子，後來被推選為北韓共產黨軍事委員會副主席，最後晉升四星將軍，卻對軍事一竅不通。他帶領的軍隊從文件上看來陣容浩大：世界排名第四，麾下共有一百萬名現役軍人，五百萬名後備軍人。在機庫棚廠和軍港有六百架戰機、三千五百輛戰車和六十三艘潛艦。這位「年輕的將軍」由他的親信輔佐，就要掌握最高領導權，繼承家業。在這個封閉的國家，有誰能阻止他？除了擁有大批軍隊，他不是還握有黨內重要人物的所有祕密檔案報告、監聽錄音檔案和跟監資料？

金正恩的父親金正日因為二〇〇八年連續兩次腦中風成了跛腳，而且體衰多病[2]。人家都說他近來反覆無常，不可預測，蠻不講理；前一天才下的決定，第二天就忘了。他永遠穿著「修車廠工人」樣式的拉鍊外套，不是芥末色就是灰綠色，頂著一頭燙過的鬈髮，腳踏一雙高跟短靴，好彌補他一百五十七公分的身高。冬天一到，他會加上一件銀灰色的禦寒羽絨連帽大衣，再戴上棕色的貂皮帽，讓他看起來好像一隻貓熊。

---

2 金正日二〇一一年十二月於視察外省期間過世，之後即由金正恩繼任大位。

一般人大都知道，金正日喜歡電影、女人、法國葡萄酒、跑車，鍾愛他的裝甲防彈火車，因為西部電影所以愛上馬匹，迷詹姆士·龐德和藍波，但程度都比不上他的父親：一九九四年與他交班的金日成。由於受儒家思想影響，當年還是小伙子的金正日雖然繼承了父親的黨國大業，卻沒有取代他，只是將父親的事業加以延續，錦上添花一番。金日成於是成為「永遠的主席」，繼續垂簾聽政，甚至到死後還能以精神感召力發揮影響。沒有人會對此感到驚訝。畢竟身為北韓大老闆的金日成，不是也聲稱夢裡常有預兆，直覺特別敏銳？長久以來，北韓人民都在動盪不安又專斷獨裁的統治下生活，連北韓的紀元也要重新計算，以領導人出生的那一年，也就是一九一二年，做為元年。

金日成卒於一九九四年，死因仍是國家機密，他的所有相片和裝飾於各地大城小鎮的馬賽克畫上，只要有照到或畫到他脖子上的腫瘤，早就被塗抹掉，而國家電視台則周而復始地播放著用慢鏡頭所拍攝到、一群又一群嚎啕大哭的北韓人民，他們拉扯著自己的頭髮，痛苦地蜷曲著身體。當攝影記者接近群眾零亂的隊伍時，他們更是前仆後繼。採訪記者也開始哽咽，說話結結巴巴，表示自己沒有誇張報導。他告訴觀眾，就算今天有成千上萬的白鶴要振翅將可敬的亡者金日成迎回天界，也就是白頭山，相當於日本的富士山（這時插進檔案照片），當牠們目睹北韓人民哀傷沮喪，淚流成河，必定會因為於心不忍而放棄。因此，北韓當局效仿蘇聯對列寧和越共對胡志明遺體的做法，保存了金日成的遺體；這位獨裁者的遺體經過泡藥防腐以後，被放置在專屬他的陵寢中。

從此以後，不管是農村村民或城市居民的聯誼會活動（「人民班」），還是各行各業組團參訪，每個北韓人民在有生之年總要去過幾次金日成紀念宮緬懷領袖。而且一定要真情流露。無止境的宣傳、高階不斷藉以壓迫下級的浮誇儀節、既不能有內部批判的言論，也杜絕外來觀點、國家民族至上的理論教條、神聖崇高的領導人，還有人民最深沉的恐懼，在在都為塑造金日成半人半神的太陽神地位，讓這位受到神靈啟發的神人，以父權領導黨國。

但我們卻不得不承認，地位至高的金日成，也就是金正恩的祖父，這位軀殼已死而影響力卻揮之不去的大人物，管他有沒有長過腫瘤，畢竟是北韓國家主體最重要的基石；北韓的一切都從他開始。根據官方史料記載，從一九三二年起，金日成就率領游擊隊積極抗日（但部分人士聲稱主事者另有他人，卻被金日成歸為自己的功勞），打擊從一九一〇年起就以強暴武力殖民朝鮮的卑鄙日本人。一九四八年，靠著蘇聯的支持，金日成開始主掌朝鮮民主主義人民共和國。一九四五年，美國在廣島和長崎投下兩顆原子彈，使得日本滿目瘡痍，宣布戰敗投降。之後，美蘇雙方爭先恐後地要瓜分這塊原本屬於日本的殖民地，緊緊抓住各自擁有託管權的半個朝鮮不放。

在接下來的幾年當中，金日成所統領的北韓在中國和蘇聯的扶持下，成為助長共產主義擴張領域時強勁的左右手，不僅與美國對立，國際部隊也不支持北韓。一九五〇年起，包含法國部隊在內的聯合國維合部隊受命成功阻止了北韓南進。三年的戰事，死了一百萬名士兵，期間北韓進攻首爾，平壤一度失守又再收復，雙方延續數場死傷慘重的「拉鋸戰」，最後將兩韓交界定在北緯三十八度線才終於停火。一九五三年，簽訂停戰協定，雖屬「非軍事區」卻布滿武器火力的韓國從此一分為二。兩韓分峙交界兩邊，各自認定握有韓國主權，雙方經常交戰，似乎永無寧日。

自此以後，北韓極力鞏固其政治綱領，對於所謂的「下流人士」絕不妥協。它用厚重的城牆和鋼鐵的紀律將自己閉鎖起來，奴役自己的人民，使他們成為偏執狂，讓他們奉領導人為神明。

北韓人民分屬三個階級（「核心階級」、「動搖階級」和「敵對階級」），再根據個人和家庭對黨的忠誠度，分為五十一階。排序最前面的幾階，向權力靠攏，接近政治核心，才有權住在首都或接近首都的地區。排序最後面的幾階是賤民，被視為潛在的政權敵對者，通常都會流放到外省地區。至於所謂的「動搖階級」（或稱「不定階級」），占人口絕大多數，對黨國持中立態度，是構成北韓人民的主要階級，他們任人宰割，只要運用鐵腕政策，沒有不服從聽命的。當然，身處高階比低階要好！這樣的階級制度無異於印度的種姓制度，是共產主義社會發展的極致表現，有如封建時代各個階級的身分，是父子世襲相傳的。當事人可能對自己的身分階級感到不解，但是行政和警察機關都備有相關背景資料。北韓的階級制度，從出生開始就影響著每個北韓人民的命運。

北韓除了在各個方面與外界畫清界線，也執著於民族血統的純正——如果和外國人私通，必須被下放。北韓當局認為，世代務農的北韓人民是備受上天眷顧的民族，高人一等，氣宇非凡，他們是歷代古朝鮮王朝的後裔，血統純正的後代。即使年輕的一代因此身材矮小，也在所不惜。男性入伍身高限制逐年下降，甚至已低於一百六十公分……每年一次的阿里郎大型舞蹈表演，總有成千上萬的北韓人民參加演出，雖然每個人在整個編舞演出時只是一個小點，背後卻經過無數次的排練：動作務求整齊畫一，如同無數個複製得一模一樣的玩具人偶，企圖展現一個理想的典範。因為在北韓官方出版的百科全書中這樣寫著：「好幾千年以前，在東亞一個美麗的半島上，出現了一個民族，是最早出現的人類之一，那就是朝鮮民族。」

然而，真要追溯以往，金氏家族卻不是十全十美。

☀

眼前是半杯的鳳凰啤酒，我坐在羊角島國際大飯店的酒吧裡，玻璃水族箱裡游著垂死的烏龜和輪胎色的鯽魚。金導遊和金先生二號倒是沒有拐彎抹角。金導遊在他那只假皮公事包裡亂翻了一陣以後，在二號的注目之下拿出三張紙來，向我們宣布接下來的行程。因為他低著頭，所以額頭前的瀏海垂到了他的鼻尖：

「欸……行程已經改了，我們另有安排，都重新調整過了。後天從飯店出發，當天下午離開首都平壤，抵達外省，來回大概要將近一千公里。你們運氣可好了，可以盡情遊覽我們偉大的國土……」

然後他把行程表遞給我們，上面都是用筆畫過和塗改過的痕跡，顯然是出自他人之手。

之前在巴黎請旅行社和平壤方面逐條協商和議定的行程——出席四月十五日太陽節的遊行活動，為永遠的領導人金日成慶祝冥誕，觀賞馬戲，參觀魔術節表演，拜訪金線保齡球館，乘船遊覽西海巨型水壩——各個活動不是延期改到我們根本來不及從外省回來參加的時間，不然就是因為關閉、國定假日、整修施工等各種冠冕堂皇的理由而取消。金導遊解釋說也是因為怕訂不到旅館，但這個牽強的理由怕是連他自己也不相信。就算我們打電話給旅行社抱怨也沒用。他也不建議我們打擾到他老闆（說時他的眉頭輕輕皺了一下），老闆聽不懂的。更何況還得先有辦法聯絡到老闆才行……

罷了，我們也只能逆來順受，去二號餐廳勉強吃過晚餐後，回到我們所入住都是外來遊客的樓層休息。看來和我們被安排住同一樓層的，還有受邀前來平壤藝術節表演的俄羅斯和白俄羅斯雜技演員和小丑演員。本來我們要去觀賞他們的馬戲表演，現在可是沒機會了。明天一早就要去向最偉大的領袖銅像獻花致敬。買花要錢。一束四歐元，每個人都一定得買；這簡直是敲詐。

達成上級交辦的任務以後，金先生二號起身將房間鑰匙交給我們，就和我們道別，讓金導遊帶我們去搭透明的玻璃電梯。最後臨走前把我們推進電梯，還幫我們按好到二十二樓的按鈕。他先用腳卡住電梯門，然後像小學老師一樣開口訓誡我們：

「你們絕對不能離開旅館。看到了沒？沿著步道設立的路燈，請不要走超過第十一盞，也不要跨過它後面的柵欄。你們現在人在一座島上，你們在羊角島上。」

「假如我們違反規定呢？」

「請不要自找麻煩，這是找我麻煩。先生們，晚安。」

快點，快讓我們躲進黑暗裡。

到了晚上九點，四周只剩一片黑暗。讓人不禁以為這個擁有超過兩百五十萬居民的城市，其實根本是個無人居住的大布景，從六〇年代到現在，只有四分之一的人口可以用電。沒有一點聲響。少有車輛經過，駕駛也不開大燈。飯店方圓幾公里都看不到點燈的人家或是閃爍的招牌。在這漆黑的夜裡，我只能看到主體思想塔上閃耀的明燈（做成火焰形狀，總重量為四十五噸，底下的塔高一百五十公尺），一座橋的橋拱，一幅又一幅有數盞聚光燈由下往上照亮、光榮領袖的馬賽克畫，還有大同江水面上我們飯店樓層的燈光倒影。一如黑夜，靜靜的江水也同樣晦暗不明。

飯店幾乎空無一人，鋪著棕紅色地毯的走廊上空空蕩蕩。只有三個樓層亮著燈。我想是按照有沒有房客來決定開不開燈，而且還依國籍分配住宿房間。建築物的其他地方都沒開放。偶爾，蛋型的電梯會直達最高的幾個樓層，裡面載滿了面色凝重、穿著上漿襯衫的人。在電梯裡面沒人交談。其中的北韓人，個個配戴「偉大的領袖」金日成的胸章，誰是誰從來分不清楚。他們都穿著維尼綸上衣（藍色、深藍、棕色或黑色），髮型都一樣（規定只能剪兩種髮型，頂上禿頭的人頭髮可以多留幾公分）。因為簡單樸實，所以警察看起來像民眾，民眾看起來像職員，職員看起來像高幹……或像警察；如此周而復始大輪迴！其中有幾個是真正的觀光客（穿著正牌或冒牌的美國籃球鞋）或是商人，有日本人也有中國人（穿著真皮或假皮製的麂皮便鞋）。也有便衣人員。在電梯裡，為了保險起見，大家都低聲交談，電梯越上升，布滿斑點的玻璃外能看到的首都景物就變得越小。這一群人都是男性，身材矮小，有運動員，有音樂家，有休假中的軍人，也許有演員？我們以鶴立雞群之姿高過所有刻意梳理髮型的頭顱和服貼的耳朵；我們的底下是一片肅靜。這一群看來安分守己的人裡面，有壞人，也有受害者，是一群憂慮的人。

我的房間既乾淨又舒適，聞起來有清潔劑的味道。裡面擺了兩張並排的床，兩張寶藍色沙發面對面放著，左邊有鏡子。浴室有熱水，馬桶暢通——我後來才知道這在北韓是非常奢侈的。這座飯店是法國人在一九九五年興建，設備相當完善：共五十多層樓，頂樓是可旋轉的觀景餐廳，地下樓層設有迷你賭場（兩張賭桌，八台吃角子老虎機），幾張撞球檯，六張乒乓球桌，一間按摩沙龍，一間夜總會，而且是北韓唯一的一間，在閃光球的照射下透著淡淡的哀愁。這一層樓的工作人員都不是北韓人，而是香港人，以免北韓人民受到資本主義的汙染。這些人也不能離開飯店。說不定他們會趁著在北韓有限期的工作合約期間，積極繁衍後代……

說到電視，大部分的國際電視頻道都無法收看，比如CNN的體育台，完全收不到一點聲音，即使有也只是持續的抖音，肯定是受到干擾；所以我有本地電視台可看也就心滿意足了。只是鏡頭周而復始地從一叢叢淡紫色的蝴蝶蘭，跳到一片片大紅色的秋海棠，接著鏡頭又重新對準花圃，然後又回到起點再走一遍，教人不禁想像是不是花粉錯亂了攝影師的神經。背景音樂是理查・克萊德門演奏的《給愛德琳的詩》，配上語調誇張的旁白——喔，我們的春天真美妙，喔，我們的花園是仙境——把我搞得暈頭轉向。喔，一下子就教人受不了了！

我又回過頭來，重新浸淫在小說《瑪地》的世界。我在亮度不超過四十瓦的壁燈下閱讀，故事的情節把我搞得糊里糊塗，讓我看得有點毛躁，最後就這樣睡著了。故事的主角乘著小船，志在四方。他向西邊航行。賈勒和他同行。還好有伴。十六天以後，陽光下出現了一艘雙桅橫帆船，「遠遠看起來好像一艘燃燒的船」。它偏離了航道，被撕裂的船帆在風中劈啪作響，船上沒有掌舵的人，「船舵被綁住」。他們全速前進，將小船划向這艘帆船，追上它。費盡力氣最後終於上了船。他們徘徊於布滿甲板的牡蠣和椰子果實之間，然後鑽入船艙，尋找倖存者，尋找問題的答案，尋找事發的原因；說得更清楚一點，其實是在尋找乾糧和飲用水。這兩名叛逃者拿著魚叉，上面點著蠟燭，小心翼翼地前進，（「這樣一來，萬一有卑鄙的小人想來吹熄蠟燭，就可以直接拿鐵叉敲他……）深入昏暗的底艙，裡面懸掛著好幾張隨著長浪搖擺、有如蟲蛹般的吊床。空無一人。

到底會發生什麼事？

☀

「尚先生，有什麼特別的事要跟我說嗎？」

「金導遊，我想沒有（打顫）。」

「我是說在房間裡、在餐廳吃飯的時候，有沒有遇到什麼麻煩或是問題……」

「呃（鬆了一口氣）……我想到了，我忘記告訴您，我對菇類過敏。」

「所有菇類嗎？」

「我已經訓練出第六感，有放菇類我馬上會知道，不過因為我不熟悉朝鮮料理，所以我想先告知……如果吃到了，我會全身水腫。」

「尚先生，請您稍候。」

金導遊向坐在迷你巴士裡打盹的金先生二號做了一個手勢，要他借手機給他。接著他打給一位長官，雙方密切交談。金導遊點頭如搗蒜。最後他把手機還給二號，轉過身來，恢復了原有的平靜，好像外科醫生完成第一千次心臟移植手術那樣，用一種明確而沉穩的聲音對我說：

「從現在開始，**每一個**您要去用午餐或晚餐的地方，我們已經預先通知了，我們手上握有到最後一天的**所有**餐廳名單。您所住**每一間**飯店裡的**每一位**廚師都會知道該注意的事。**所有的**菜單都改過了。我已經用電話和傳真通知**所有地方**。」

北韓人的安排真是完美，美得像變了調的謊言，因為從第二天開始，我的開胃菜（小）菜碟上，竟然多了三（小）片香菇。莫非我的頭上被貼了（小小的）追殺令？

☀

我們的守護天使扮演著雙重角色：把我們該看的給我們看，避免我們接近我們不該看的。這任務非常艱鉅，因為禁止的事比核准的事要多。

我們造訪的第一家餐廳裡一位少見的女性觀光客問我：「是間諜嗎？」

這間餐廳的用餐室空間比第二家餐廳來得寬敞，優點是有窗戶，而且面對大同江。早餐是自助式的，在幾個不鏽鋼托盤上放著一片片土司麵包，一盆罐頭水果沙拉，加上三十個滲著水珠的油炸麵粉果，和一座堆得像金字塔般的雞蛋，還有轟隆作響的冰箱裡擺著製造日期標示不清的優格。要喝小杯的茶要到櫃檯拿，一個茶包至少泡給二十個客人喝，而且由一個女職員負責看管。雖然是飯店，物資的供給一樣缺乏。所有食物的分量都非常少，而且經過仔細計算。今天早上的已經是大餐了，只是我還不知道而已。

我一邊回答：「我想我應該和您一樣。」一邊立刻剝開我剛伸手拿到的那少得可憐的草莓果醬上頭的鋁箔封蓋。

「喔不，我是瑞士人，我很喜歡這次彷彿回到過去的旅行，一切都那麼不同。想想看，觀光客不能持有本地貨幣北韓圜……另外，少見的計程車根本不載外國人……」

「有一種在外太空失去重心的感覺。」

「您可知道，昨天晚上，我先生又害我們兩個被盯上：他只是想要拍晚霞。您知道這間飯店的外號嗎？大家都說這裡是『惡魔島』。沒有人知道什麼時候可以出去。『他們』會為您決定。您這趟是旅遊玩樂嗎？」

「您弄錯了，我這趟是出差。我是開旅行社的。」

就算是面對一名西方女性旅客，也絕不能說任何實話。只要她在他們的導遊面前對她先生提到我——老公你知道嗎，有個傢伙，他其實是法國記者，他捏造了一個有點荒唐的劇本——然後導遊再把這個消息傳給我身邊任何一位金先生，這一發不可收拾就大大不妙了。

在北韓，政府要求人民互相告發。為了小心起見，我決定讓事情越簡單越好：絕不向任何人說出事實真相，也不談論相關話題，盡量避開其他外國人，絕不現場做筆記，只有等晚上回到房間，才關起浴室的門，坐在馬桶上寫日記，並且把日記本藏在行李的夾層裡，絕不進行採訪、錄音，也不和身邊的人講話聊天；絕不做任何採購，以免被譴責是遊興大發的觀光客，最多用便宜的相機拍幾張照，用來幫助事後寫紀事時的記憶輔助工具。如果我落入圈套，遭有讀心術的情報人員質問時（他們能看穿我的心思，就好像中世紀的版畫那樣，騎士的嘴邊會生出狹長形的對白框，上面印著他所說的話），我會努力在心裡重複這句話：我來這裡是為了出差工作、工作、工作……是的，我發誓，我是個習慣各種不確定因素而且住在標準單人客房也很能隨遇而安的旅行業者。我是來出差的，不是來玩的。

旅館走廊上的地毯吸收了旅客的腳步聲和咳嗽聲，使得餐廳和走廊透著哀愁；還有要命的旅館空調，但我一樣不受影響。更不要說每天早上單槍匹馬去吃早餐時，總不可避免會遇到一對又一對前晚一夜燕好的夫妻，我也得極力抵抗誘惑，因為他們的性慾得到滿足，感到亢奮，所以一邊用早餐，一邊還不拘禮節地大聲說話：「親愛的老婆，還要再吃點乳酪嗎？」我來這裡是要評估本地的旅遊潛力，因為我承擔公司的營運備感壓力；我有祕書和助理的薪水要付，所以北韓的金主和旅館業吸引著我。不論是高級的兩江飯店、蒼光山飯店、高麗飯店或是普通江飯店，我都要去，次級的旅館我也要去看……

在我表現得幹勁十足背後，其實我難以輕鬆自在。我怎麼能在一個人人都想逃離的露天監獄裡面自得其樂？是誰上了誰的當？我帶著歐元來到北韓，到底對誰有好處？我那熱心的導遊、我在窗口遇見的職員、飯店老闆、用指揮棒指揮那連紅綠燈都沒有燈泡的慘澹交通的女警，還有那些當我們開始南下就陸續出現至少十次，用蛇籠和拒馬來阻攔我們的士兵，他們是怎麼想的？在令人發冷的街道上，當所有人都一眼看出我是個西方人——北韓政府的潛在敵人（我的身高、我的膚色、我的衣著、我較為輕鬆的態度），我怎麼還能昂首闊步？當一個中等階級的人民，一個被銬上無形枷鎖的受害者，一生只能在牢獄中度過，沒有上級核准不能自由行動的時候，我怎麼還能來去自如？

在這裡，一切資訊都要經過過濾、重新消化、重新組合，最後構成另一個「現實」，不諱言地說，這是另一個平行世界，而我卻可以暢所欲言。在一個大部分的人民分分秒秒都受到監視、隨時可能成為國家叛徒或者遭人背叛的時候，我憑什麼主持正義、講求倫理？我知道這裡門面乾淨，看不到一個老人、病人或殘疾者，是因為政府把有侏儒症的人全都集中在某一座山上生活；我也知道，因為失血的經濟、國際禁運、天災、物資匱乏和慢性倒閉，這裡所有的東西隨時都有可能缺貨：包括飲用水、電力（水力發電狀況不佳、汽油發電廠備料不足）、石油（產量稀少、庫存也不足，所以有些車輛是由燃煤發動，排出來的煙又黑又濃，好像火車頭冒出來的煙）、藥品、肥料、食物（我在平壤市中心，眼睜睜看著乾豆糧發放演變成小型爭奪戰），當然更缺乏生活的喜樂——這是當中最寶貴的一項物資。

多虧了蘇聯和中國先後慷慨大方解囊相助和默不作聲，讓沒有外匯可在國際市場購買物資的北韓勉強還能存活。津貼價格的物資由北韓政府負責配售，但情況卻是一團混亂；想嘗試「自由化」（小塊農地私有化）卻沒有成功，最後終於形成黑市。聯合國相關國際組織（糧食及農業組織、世界糧食計畫署，以及兒童基金會）對北韓所做的人道救援，不只一次轉手落入國家菁英手裡，結果形成「沒有門路就沒有食物」的現象，為了防止同樣的情形再度上演，必須派人監察各項救援物資是否實際抵達受難人民手中。但這樣的監督卻反讓資助機制受掣肘，因為北韓政府不歡迎外力過度干預。另一方面，非營利組織（其中兩個是由法國人創立，已有十年歷史）也盡其所能在北韓政府允許的情況下，就地給予北韓人民一切救助。歐盟應該疏通了急難救助的管道，成功地將救援物資送到需要的人民手中。總之，不論是長年以來的歷史因素或社會結構問題，數百萬的北韓人民飽受營養不良之苦，北韓各地經常鬧飢荒，嬰兒死亡率年年攀升，使災情更為慘重。

這樣的情形也真夠極端。這一趟旅行也實在非比尋常。全世界的共產國家，沒有一個可以和北韓相提並論。在古巴，人民至少有加勒比海，可以跳舞尋樂，有雪茄和蘭姆酒，還有性產業；在寮國，有泰國人的錢流匯集，便宜的地價（參閱《寮國時報》），有湄公河沿岸美景，和映著霞光的古廟殘垣，以及純正的民族舞蹈。而北韓這個呆板的國家，既暴力又令人害怕，毫不留情地處罰到訪的旅客，讓他們的旅程變得虛偽造作，令人擔心憂慮。行程中沒有出人意外的驚喜，沒有發人深省的啟發，沒有自由活動。一點和人接觸的機會都沒有。只有規則，只有法律，只有重複不斷的人事物。好像在演默劇。

北韓從六十年前就開始鎖國，因此這個民主主義人民共和國處在一個時空停滯的狀態，而會讓它抓狂的，依序排列分別是：帝國主義、南韓與其總統李明博、國際原子能總署的稽查人員；還有多國主義、資本主義、失序、懷疑、黑市，以及從世界上其他國家滲透進來的所有訊息。再加上對美國的恐懼（因為美國支持南韓）、北京的貪得無厭、日本的強大國力、莫斯科的模稜兩可。總而言之，所有「其他人」都會令它抓狂。它特別怕自己「見光死」，會像用魔術紙牌砌成的城堡那樣，一碰全倒。這個由金日成一手建立的帝國，透過主管軍隊的「國家安全保衛部」和堪稱北韓KGB特工的「公共安全部」同步分區控管國內治安，使用嚴刑峻法控制人民思想，在外省地區設有勞改營，對沒有為黨國盡心盡力的人民進行再教育改造。

萬壽台山崗上聳立著「永遠的主席」的巨大銅像，不容人民對領導者和國家有任何質疑。主銅像面向河流，前方兩側是四排分別為軍人、知識分子和農民的銅像，雕塑得栩栩如生。金日成銅像高二十公尺，泛著亮栗色光芒，高舉右手，迎向未來，表情敦厚；從主席雙腿間可見後方主建築物的正面是一幅積了無瑕瑞雪的群峰馬賽克畫。在金日成的百歲冥誕，二〇一二年難道不該是他之前所預言的「繁榮又幸福」的一年嗎？

「永遠的主席」所預言的光榮日子遲遲未到，在等待中，人們向他獻花致意。一束花要價四歐元，要付現金，小販寧願收外幣，不要朝鮮圓。我和小克一人買了一束用玻璃紙包裝的花，看起來既好笑又有點難為情。擴音器播放著愛國歌曲。我們排隊前進。每個人都要遠遠地就面朝金日成的銅像，步伐整齊地往前走，然後獻花、鞠躬，大喊「萬歲！」；緊接著不必倒退離開，大可轉身就走。遊客可以在台階上照相。北韓人經常攜家帶眷，或是一團接著一團、紀律嚴謹地前來膜拜。婦女穿著彩色韓服，有鮮黃色也有淡紫色，男士們穿著筆直硬挺的西裝，來了更是一定要拍照留念。來往的人潮絡繹不絕。這也是對金日成和勞動黨表達忠誠的方式之一。過去，在金正日尚未停止鼓掌（或哭泣）之前，其他人絕不能停下來。必要的時候，騎腳踏車的人也會離鞍停下來賣力輸誠，藉添枝加葉的方式掩飾對改革信念的不足，因為每一棟大樓都安插了密探，警察時時都在注意人民的一舉一動。

向金日成致敬的儀式可說是虛情假意，甚至讓人覺得丟臉。外國旅客一抵達北韓，就要像北韓人民那樣先來頂禮膜拜一番。購買這些不知被轉過幾手之後又繼續賣給外國人的褪色花束。朝著北韓面不改色謬稱為「人類之光」或「思想之巔」的金日成銅像邁進，向那沉重又空虛的雕像低頭行禮。重複背誦著服從黨國的口號……金日成曾在半個世紀內，使他的國家受盡恥辱，他的人民還要歌頌他「永遠與我們同在」，他值得人民謳歌嗎？為什麼我們還要像他的人民一樣，將如此下流的膜拜儀式流傳下去？

你如果進入北韓，很快就會忘記普通盤子的大小！你也會忘記點心盤子的尺寸，你只會看到最小的碟子，就是像咖啡杯盤或茶杯盤那般大小的碟子。因為從今以後，所有菜餚都會裝在這樣的碟子上上桌，好像在扮家家酒。小碟子上面盛裝的食物少得可憐。但是你已經享有特權了：整個朝鮮民主主義人民共和國其他地方的人民都在餓肚子。

一般來說，餐廳不供應新鮮水果，也沒有奶製品、麵包、葡萄酒、橄欖油、調味料，在餐桌上更找不到鹽和胡椒。最多就是兩罐啤酒和一瓶半公升的水，兩個人分著喝。供茶每個人不會超過半杯。如果喝完還要，就不是「同志」。

二號餐廳有一桌已經被電話預約。說的就是這間位在地下室又沒有窗戶，擺好餐具等著我們去用餐的餐廳。這間餐廳沒有菜單也沒得挑，客人吃什麼，完全看餐廳出什麼菜。上菜的次序是固定的，每一桌的上菜速度都一樣，所以晚來的客人只好吃冷掉的飯菜，絕不可能幫客人重新加熱。既然東西不多，餐廳就想盡各種辦法，讓客人覺得東西很多：上每道菜之間需要更耐心等待，一個人可能會有六、七、八，甚至九個小碟的菜要上。餐廳的女服務生非常膽小，幾乎不開口說話，一句英文都不會；她們將菜一道一道上桌後，要等客人用完餐才回來收拾餐桌，看起來懶洋洋、一臉無聊的模樣。

在飯店第一晚的菜色，我還以為是開胃菜：少許用辛香料醃漬過的發酵大白菜，也就是韓國泡菜、八根菠菜、一把鬆軟的洋芋片，三小片薄薄的豬肉、四分之一條小魚、一小片薄薄的香菇（哎呀！），以及一小碗好像給小人國裡的小人吃的米飯。這些搭配的飯饌由女服務生擺桌，排成拱形；放在我們面前的小菜，並沒有搭配的主菜，只配了一道黃豆芽清湯，看起來好似一隊沒有旗艦的艦隊。更糟的是，飯菜都是涼的，菜色普通，有時味道還很嚇人。北韓人一再誇口的烤生蠔、燉烏骨雞湯，也是韓國美食之冠，到底到哪裡去了？對於如此少量的餐點，我實在不屑一顧。於是我把最後的希望放在甜點上。不過餐廳沒有準備甜點。還好我趁機拉住一個穿韓服的女服務生袖子，花了一歐元總算有杯即溶咖啡，我這才能在走廊上嗑掉那顆方糖充當甜點。我們這樣就算吃完晚餐了。餐廳裡的工作人員已經在捲粉紅色的桌巾，邊點筷子數目邊收拾，一一熄燈……

所以我有點洩氣地走出餐廳，來到飯店大廳，看到賭場服務人員三三兩兩坐在那兒的假皮長沙發椅上。在布滿水氣的大片玻璃後面，有一只龜殼卡在角落，三隻海龜有如走空中鋼索般在懸浮著糞便的水中漂游，而我們不也像牠們一樣，在平壤這發臭的大水族箱裡載浮載沉？

飯店外，一盞盞路燈劃破沒有星星的長夜，空氣裡瀰漫著乾燥樹皮的香味。在這個每個人看起來大同小異、備受詛咒的城市中，一到晚上，各式各樣的活動就無可救藥地停止了。要出去逛逛喝點東西，或是到市區買點糕餅，是絕不可能的。我真是個笨蛋，明明在飯店另一個大廳瞧見分量少得可憐的咖啡夾心餅乾，卻沒有抓住機會！以後，我絕對不再放過任何一個小碟子上的食物，還要把碟子舔得一乾二淨，否則就只有挨餓的分了……

到最後，我們在這個死氣沉沉的國度裡遇到的胖子只有兩個，就是領導人金氏父子，一個已經死了，另一個還活著。每個街角都能看到兩人的馬賽克畫用聚光燈照著，背景常是農田、工廠，兩人則是挺著圓滾滾的大肚子，在抗日游擊隊中發布命令或給予建議。這也許是藝術家的詮釋，又或許是他們吃得特別營養，所以人如其圖？

平壤，又名「柳京」，是一個空氣流通、環境整潔、交通流量稀少的城市。這裡的人過馬路可以不必用眼睛看，用耳朵聽就好，路上少的是汽車，不是行人。平壤市中心舒適宜人，也是給外國旅客看的樣板。因為分布在市區東西南北四個方位的一棟棟屋舍圍欄多是棕褐色、斑駁的黃色或是髒汙的綠色，而且大多沒有電力供應，足以讓平壤頭上戴的冠冕立刻黯淡無光。

平壤市曾在韓戰期間（一九五〇至一九五三年）遭到摧毀，後來仿照史達林式風格重建。現今的平壤市為了展現首都氣派，所有建築的規模都大，比如寬闊到不像話的林蔭大道，一堆紀念廣場，最大的甚至可以容納五十萬人，豪氣干雲的雕像，到處張貼的愛國海報，滿是廣闊的花園和顯眼奪目的公園。成群穿著黑色、藍色和灰色服裝的行人，秩序井然地走在路上，面無表情（大部分的時間，人們的手臂會隨著步伐擺動），讓平壤市容顯得更加冷峻。其中最精采的大概要屬柳京飯店：這座外形有如金字塔的飯店高三百二十公尺，高度相當於法國巴黎艾菲爾鐵塔，聳立於平壤市內，成為樞紐地標。大家都說它好像未來派的火箭，整體由玻璃和鋼鐵打造，凸出於成千上百棟單調的建築物當中。然而，自一九八九年世界青年節後，柳京飯店就一直未完工。從那時起，這棟有三千間客房的建築就對外封閉，禁止進入。建築用吊車只能留在原地日漸生鏽，工地的圍欄無人拆卸卻自動倒塌。有些人說它是「人類有史以來最糟糕建築」，但其實仍有討論的餘地，因為比較起來，獨裁暴君西奧塞古（Nicolae Ceauşescu）所建立、位於布加列斯特的羅馬尼亞人民宮亦不遑多讓。

儘管如此，來到平壤就必須放下對一般城市市容既有的視覺反應和習慣。你找不到咖啡館、餐廳、商店、廣告看板、商店招牌、迷人的露天咖啡座、販報亭，街道上空無一物。你還得習慣在十字路口和各廣場上看到人數異常眾多的警官、軍人和年輕工人，他們忙著修建公共工程，比如重修人行道的邊緣，或是用人造花鋪排花圃。他們難道真的像我們的金導遊所說，是自願來服務的嗎？沒有一個人的臉上有笑容。如果有穿制服的開口教訓穿便衣的，八成是協調上出了問題……

蜿蜒流過平壤的大同江江水清澈如玉，故又有「清流」、「玉流」之稱。江中有數個島嶼，都經過整治，比如綾羅島、羊角島和艾島。一艘間諜船，也就是美軍的普韋布洛號，於一九六八年遭北韓軍方登船臨檢以後，被繩索固定在大同江畔做為博物館，讓大家親眼見識帝國主義者任意出沒於北韓領海的鐵證。船上有位年輕白皙的女軍官前來迎接我們；她的皮膚如瓷器般潔白，嘴上用唇筆畫著口紅，頭戴切・格瓦拉式的貝雷帽，說一口法文，雙手晶瑩剔透，手勢曼妙。是不是有人事先通知她我們會到？看得出來她在船上來回踱步等著我們大駕光臨。待會兒我們就可以進入駕駛艙，將每個間諜的臉看個清楚：他們的相片被釘在軟木板上；我們還可以聽到當時錄下來的口供（錄音內容是負責審訊的北韓法官激憤回答美國水兵的對話，我們也搞不懂為什麼這些自白雞姦的美國水兵居然膽敢在神聖的北韓領土上犯下這種前所未有的罪行）；最後我們要從船上的縱向舷梯直達底艙，一探機房究竟。只不過裡面只擺著幾部假冰箱，上面布滿各式各樣的信號燈，還有好幾個金屬機櫃，櫃面上有一些非常敏感的指針前後顫動著。這裡看起來比較像三角函數教授的實驗室，而不是柴油引擎的主機機艙。帝國主義者的陰險狡詐，可是徹底洩了底。

女軍官用手指著機房，好像指著一顆腫瘤那樣，丟了一句話給我：「這些設備都是為了刺探我們朝鮮民主主義人民共和國的機密。」

我只有猛點頭表示同意。老美真齷齪！

大同江上游有個碼頭，停泊著好幾艘計時出租的小船和舟筏。遊客可以租船賞柳，看著慵懶的垂柳在灰濛濛的江水上畫出寫意的圖像。沿著江的兩岸，可以看到一群又一群的馬拉松跑者；跑馬拉松是北韓的國民運動。還可以看到一些喜歡「倒著走」的人；這種行走方式非常怪異，倒退走的人可以走上幾公里，有時候甚至還可以快步走。好幾個人一起倒走，非常引人注目：看起來很像影片倒帶……我只是想不透，這些人肚子都填不飽了，怎麼還挺得住運動走那麼遠？也許他們別無選擇：自己決定方向快快跑，或者慢慢餓死。金導遊告訴我，好幾位拿過獎牌的國家級選手就住在柳京大飯店附近的高級住宅區。而那些拿最後或倒數幾名的選手，他們的命運又是如何？他們是不是得永遠待在路邊，和那些擁抱主體思想、辛勤工作的工兵一起用人造花裝飾花圃呢？

健步走了好一段路（健康教育推廣說：「一天一萬步，身體才會好。」），我冒險走到對岸強調自給自足革命理論的主體思想塔；這是一座燈塔，塔頂裝飾成巨大的火焰形狀，一九八二年為慶祝金日成七十大壽而啟用。這把日日夜夜散發象徵著北韓精神之火的電力火炬，高踞在由兩萬五千五百五十塊花崗岩砌成的高塔頂端；這個數字，剛好是金日成七十大壽的總天數。

我沒去搭直達塔頂觀景台的電梯（要另外收費），主要是因為我想仔細看清楚裝飾主體思想塔底座的兩百三十塊大理石板的其中幾塊。每一塊大理石都是由某人奉獻，可能是一位二流的政治人物、一個組織，或是一個外國團體（比如瑞士洛桑的馬達加斯加青年學社，或是不確定是否真實存在的拉合爾法律法學社團）；這些人受主體思想迷惑，毫不猶豫地把景仰之情化為文字刻在各色各樣的大理石板上。我還在其中找到幾個法國老參議員的名字，姑且不提是誰。

這些天花亂墜的理論讓人感動到痛哭流涕是一回事，但是支持而使這些思想可能會擴散到全球、在五大洲萌芽生根，讓其他國家也奉行主體思想來讓人民幸福安康，那可就太低級了。那些為了獲致津貼或利益而為虎作倀，讓北韓人民相信主體思想的人，真的都該打屁股。這種毫不可取的謊話只要不賣力宣傳，根本就會破滅消散。

在主體思想塔之下有一營約莫四百人的女兵，女營長身高大約一米五五，帶領隊伍配合軍樂，踢正步前進。我一時忘記導遊的命令向前靠近，並掏出相機。

「不能拍軍人。」金導遊立刻伸出手來阻止我。

「我記得在主體思想裡讀過『每個人都是自己命運的主宰，並有能力創造命運』的句子。」我趁機挖苦他。好吧，其實也照得不好，既然您出面制止，我立刻把照片刪掉。

我三不五時就會對金導遊理想偉大的祖國冷嘲熱諷一番，他根本不屑回答我。有一次他實在忍不住發了脾氣，向我承認他覺得我不是「太聽話」，之後打開他那一直放在車上的法韓字典，給我冠上「不安分」這個詞。沒錯，我是「不安分」，他這樣說可不是在恭維我。他就比較喜歡克洛漢，他比我沉穩多了。我的同伴循規蹈矩，讓金導遊對他印象良好，對他畢恭畢敬，都尊稱他「先生」，還成為他的助手，幫他背大包小包；對我，他就只叫「尚先生」，好像在叫綽號，而我的行李因為有輪子，所以只有自己拉。金導遊相信小克的確具備戰功彪炳的印度軍團裡面英國軍官的膽識和格調，因為小克出門一律穿胸前有口袋、可以放裝飾手絹的西裝，傲氣十足。而在他旁邊的我，貌不驚人，一副丁丁逛大街的模樣，總是穿著Polo衫和籃球鞋。

說真的，我確實是那種只要車門一開就想要溜出來的人。我只想排遣我的緊張和憂悶。只要看到樓梯，我就想爬上爬下，看看會通到哪裡。只要看起來不錯的地方，我就想要停下來：把我的雙手放在千年神木上，吸取大自然的力量；遊覽火車站、欣賞拖著年邁腳步開往西伯利亞的老火車；不回小巴休息，反而喜歡這綠樹成蔭的江岸，這橋，這島，這矮樹叢；絕不進那兩間開給不知道是不是觀光客消費的指定商店，因為在幾乎無人問津的玻璃櫥窗裡所陳列的，是標價驚人的刺繡（繡的圖案不外是在柳枝編成的籃子裡的聖伯納幼犬，還有玩弄毛線球的小貓等等），以及呈現各項田徑運動項目的黃銅別針贗品，北韓國旗的鑰匙圈，和紙板杯墊等等。

我想盡辦法要擠進人滿為患的輕軌電車，也不願搭乘又是「我們正恭候大駕」的地鐵，因為真讓人不禁懷疑這每個車廂都掛著偉大領袖玉照的地鐵列車，是不是如果沒有白人在車廂裡就不開動。平壤地鐵離地面整整一百二十公尺，總共十五站，其中只有兩站對外國人開放，分別是「榮光」站和「復興」站，站內用大理石、水晶吊燈和青銅裝飾，然而才上車沒多久，又趕著要人馬上下車。因為休息的地點和時間都是固定安排好的，所以出門在外喝茶和啤酒真不是好事，有一次我實在內急，而且到處都找不到廁所，只好到空地上小便，結果我的導遊氣壞了，在矮樹叢後面把這一切都拍照存證，好「給人看看法國人令人作嘔、與動物無異的行為」。我們既然遠離了注重人權的祖國就沒辦法太計較。他們已經認定，我就是個年屆五十、頗不安分的歐吉桑。

我們實在受不了這樣無時無刻被人緊盯，我們也想告訴導遊，我們想保有人性的尊嚴，而且我們也對自己的身分感到驕傲。我們也想告訴他們我們已經感到惱火，因為我們被他們拖著到處跑，穿梭於迷宮一般、巨大而安靜無聲的公家機關大樓之中；相較之下，路上的行人和遊客都變得很渺小。我們後來根本對主體思想塔前那三個巨型雕像嗤之以鼻，雖然它們也有三十公尺高，刻畫的是三個階級的人民同心協力、勇往直前的情景：其中一個是工人，揮舞著榔頭，一個是農人，揮舞著鐮刀，一個是知識分子，揮舞著毛筆，三個人聚集成一股能量，在灰濛濛的天空下顯得陽剛味十足。對面是兩座噴水池，開啟水源時，噴射的高度可達一百五十公尺。成群出現的巨型雕像對我們來說也不再稀奇，比如「豐收」、「萬壽之國」和「堅固之壘」等等，它們都是餵養人民愛國情操的糧草。我們轉過頭不想看，不滿意地撇著嘴，我們已經受夠了這個簡化的世界。盡量故意縮短無趣的參訪時間，這就是我們苦中作樂的趣味……

有如警察一般監視我們的兩個導遊，正靠著車門抽著菸捲，這時他們兩人倒是頗為契合。金導遊在他的行程表槓上一條線。我們又要重新出發……我們的小巴沒打方向燈就直接迴轉，這麼做一點都不危險，因為林蔭大道上非常冷清；右手邊有兩個黑衣使者騎著腳踏車經過。一位女警正在指揮交通。一部七〇年代款式、靠汽油發動、車內座椅的頭枕上覆蓋著米灰色棉質罩子的藍色賓士，以角鯊般的氣勢一頭鑽入稀稀落落的車陣，在經過下個十字路口之前，和我們的小巴並排。賓士車後座坐著一位政府官員，直挺挺地好像一支引針，他穿著藍色方領上衣，頸背上的頭髮剃得一乾二淨，看起來好像中國的前領導人周恩來，但他畢竟不是周恩來……他的座位一側有可拆卸的扶手，上面有許多電子按鈕，我猜大概是用來變換紅綠燈燈號的；我記得小時候的漫畫都是這樣畫的，只是這裡好像沒有東西是好的，紅綠燈和按鈕也是。然後他重新發動車子，不知是在得意什麼。我們的導遊都別過頭，眼不見為淨。

往大同江更上游走，沿岸間隔排列著水泥板凳，一只風箏迎風飄逸，讓我大吃一驚：這裡誰有閒情逸致玩耍呢？

「可以停一下嗎？」

「這不是預定行程。」

當然不是。但如果我能有機會去跟這個讓自己偷得浮生一刻閒的人聊天，我會問他什麼問題呢？他每天都吃得飽嗎？他去過歐洲嗎？還有，他可以幫我把保羅·瓦樂希的一句詩翻成有十個母音的韓文嗎？反正光看到我就會把他嚇跑。他一定會把風箏收起來，改到別的地方去。

路上的北韓人一直把我們當作鼠疫傳染源，對我們保持距離，處處小心謹慎，看到我們都顯得非常害羞。可能是因為語言不通。也可能是因為對了解和自己不同的人有困難。除此之外，我們的出現只會給他們帶來麻煩。我在林蔭大道上就發現，那些看起來非常忙碌的人群，一碰到我就會自動閃邊，好像水流一遇到石頭就會自動分流那樣。他們不敢正眼看我，只敢斜眼偷偷瞧我，然後又都默不作聲，侷促不安……

我敢說，在北韓，如果沒有明確理由，就在電梯裡或停著幾輛觀光小巴士的停車場上和外人自然而然聊起天，是非常不可思議的事。如果我想碰運氣和北韓人聊天，男人們都會嚇得目瞪口呆，為我的勇氣感到驚奇，然後他們會節節倒退，張大眼睛，也不會跟人道歉。追也沒有用，他們會落荒而逃，不自主地大聲喊叫！

當天晚上，我們就受邀到人民音樂廳欣賞《羅密歐與茱麗葉》和《女人皆如此》的組曲，台上有穿著燕尾服的歌唱家和交響樂團合力演出。我想再碰一次運氣，和我隔壁約莫六十歲的名人仕紳攀談，他看起來應該很喜歡古典音樂，不時低聲唱著詠嘆調。中場休息時，我和他在化妝室巧遇，和他說了幾句不痛不癢的英文、義大利文和法文。他一時僵住，變了臉色。我堅持要繼續交談，但他拒絕了；他鐵了心不和我瞎攪和，以免洩漏國家機密。後來，幕起鈴響，他終於找到機會擺脫我，溜之大吉。「啊，不，不，別走／不，狠心的人，別離開我……」他趕緊回到座位，鬆了一口氣。

燈光暗了下來。最後一道光線把坐在舞台角落一位軍官配戴的徽章照得閃閃發亮。這位軍官有著狐猴般瘦削的臉龐，他不是來聽音樂，而是來監督音樂廳和坐在廳裡的我們。懂了，處處是陷阱。

☀

金導遊突然問我：「尚先生，您的生日是九月十八日？」

「是啊。您怎麼知道的？」

「您是一九五九年出生的？」

「沒錯。我在巴黎出生。」

「我也是一九五九年在平壤出生。」

「金先生我和您同一年出生？」

「是的，尚先生。」

「所以我們兩個同年同月同日生？而您竟然成為我的導遊，我們兩個人現在還同搭一部車……」

「我也是一九五九年九月十八日在國家的首都出生。」

「我是不是可以請問……您結婚了嗎？金導遊，您有小孩嗎？」

「尚先生，我有一個女兒，今年十九歲。」

「我的女兒和您的女兒同年！她是學什麼的？」

「資訊和中文。」

「您不是開玩笑吧？我女兒也在學中文！我們兩個該不會是失散多年的雙胞胎吧？」

「這我就不知道了！不過在您下飛機前，我就收到您的資料。您的公司有幾個人？」

「這個嘛……我們目前只有三個人，一個祕書，一個助理，再加上我本人。我想人數會慢慢擴充。」

「生意好嗎？」

「我剛創業。」

金導遊點點頭，我讓他失望了。可能他以為我開的是大公司，也可能我沒有好好回答他的問題。或者我有前後矛盾的地方？哪裡露出馬腳呢？金導遊陷入沉思，我也是。雙方都保持沉默，難道他是藉這種方式暗示他已揭穿了我的記者身分，看穿了我的計謀？他們已經仔細調查過我的身家背景，發現我大逆不道的行為。可是為了賺取外匯現金，畢竟沒有人想來這個用北韓圜什麼也買不到的僵化國家，所以他們才願意冒著（相對）風險讓我前來，讓我這喬裝化身的記者宛如一條自投羅網的魚，進來後就牢牢抓住，絲毫不放手。除了中國人、商務人士以及非政府組織代表外，北韓境內很少有真正的觀光客造訪，一年了不起只有幾百位觀光客入境。北韓官方可以控制我於股掌之間，只要他們想，隨時可以找到我。陪同的導遊與司機他們其中之一（不知道是三位裡的哪一個？）可能就是訓練精良的特工。從一開始他就暗自看我笑話，如影隨形地跟著我，甚至站在房間門口的踏腳墊上徹夜執勤。我常自問，他們並不是今天早晨才出現在我房間所在的樓層，而是一整夜坐在走廊上電梯旁的小房間裡，等著迎接我走出房門？

克洛漢不願意看到我時常感到驚擾，建議我乾脆把這一切當成是難以置信的巧合。只不過一旦透過後照鏡和金先生的眼神交會，我實在很難說服自己這一切是巧合；以可能性的角度來看，這是不可能的事。

不論是地球上哪個角落，容我在此回顧一下官方導遊的幾項客觀事實：

一、盡其所能擺脫你（他總是急忙著想回家見情婦或是老婆。就算景點再怎麼令人印象深刻，他都已經參觀上百次了，再也沒什麼能讓他感到嘆為觀止了）。

二、盡量從你身上挖走最多的小費（給他本人和周邊所有的人，無論是行李員和門房、衣衫襤褸的窮人，或是靠小聰明賺錢的人。這首先事關他的導遊名聲風評，也關係到之後他個人的喜好與樂趣，他無法單靠薪資過活，他對客人摺起來偷塞給他或直接送給他的紙鈔根本就上癮）。

三、在他可以抽佣百分之二十的商店，想盡辦法讓遊客購買各式各樣的商品，小至面紙大到明代花瓶，還有瓶裝水以及受熱捲曲的明信片也在內。

導遊最常用的致命武器不外乎是：「不巧今日景點因施工關閉，很遺憾各位無法前往一遊，我們不能留在這裡浪費時間⋯⋯」這句話可說是千古不變的老生常談，但可以有效地殺時間，而且還有好幾種變化版本：「這裡非常危險，我不建議你們在此停留，千萬不要在此逗留超過十分鐘，否則會有很大的風險，因為這裡常有扒手、流氓、咬人的獼猴出沒⋯⋯」於是趕緊將車上鎖朝反方向疾駛而去，眾人的膽小怯懦就這樣被人遺忘。

當然啦，相信導遊說的話以後，行程中各參訪點之間的停留時間就不停變得很隨機而未知（為了讓你早點離開，可以更快把你送回飯店，這樣他晚上就能有更多時間玩堆骨牌），自然而然在當地景點參訪的時間就大為減少。路況也是另一個經典例子，它就跟季風一樣，速度會視情況變快或放慢。依據和旅館服務人員的交情，導遊總能找到不同的理由來解釋出發時間：「明天可能早點出發會比較好⋯⋯或是晚點出發比較好。」到機場送機就更容易操作了：早上十點的班機，凌晨五點就來叫你出發，藉口通常都是怕塞車趕不上飛機，結果卻讓你在機場白耗一小時，而你放行李的手推車後面還引來一群心懷不軌、正覬覦財物而虎視眈眈的壞蛋。

說到底導遊是在玩弄觀光客，他根本不在乎觀光客的行程，畢竟在這次旅程之後，他再也不會見到你，明天他會用同樣的方式接待另一群笨蛋。即便他的本業是詩人也好不到哪裡去！我記得在越南參訪時（我還特別要求導遊的身分必須是古蹟建築專家），兩天行程下來，看到的建築根基布滿苔蘚，風化侵蝕成一堆石塊，導遊三言二語交代完歷史，說了一堆莫名奇妙的話之後，總是語帶浮誇地總結：「先生您必須發揮一下想像力！」然後走回車上繼續收聽廣播。

北韓的情況有點不太相同。首先，外來客禁止與一般人民接觸。不可與任何人以任何方式交流，除非是已經事先報備審核過的人才可以在行程期間相見。大體上來說，他們就是一群如機器人般的「核心」階級，專門在觀光客面前表演他們曾經受過的訓練。導遊隨侍在側監視，必要時也會防堵一切在走廊轉角或大街與小巷偶遇的可能性。完全不可能接近任何一位張三李四！

另外，導遊一號和您一樣戰戰兢兢，因為他是在導遊二號銳利的注視下工作。不知名的幕後黑手決定所有日間活動的計畫和內容，牢牢掌握所有相關的現場人員，其中也包括了名列導遊三號的司機先生；他會照著路線圖按表操課，路線圖上的每條行經道路都由各個檢查站審核通過。

北韓可看的東西少之又少（至少就開放給外來觀光客的景點而言），所有一般觀光客想做的休閒活動或發現之旅一律禁止（諸如參加地方慶典活動，晚上逛夜店喝一杯放鬆一下，在森林漫步，到東海岸邊泡海水，參觀考古景點……）。完全辦不到！更別提導遊漠不關心的態度，臉上面無表情，完全無心將居住的城鎮或地區特色好好介紹給觀光客，工作的心態可說是標準公務員，感覺像是被迫帶領觀光客參觀既定景點。在這場像比賽誰先到達終點的桌遊之中，觀光客和導遊說穿了都是被玩弄的棋子。尤有甚者，萬一這套行程計畫裡面有天大愚蠢可笑的事，導遊也會硬逼著觀光客全盤接受。

這天清晨便是如此。當我們來到一座空洞得如同只剩外殼的死貝一般的寂靜廟塔，警衛一聽到我們的車輛駛近，立刻在他瘦削佝僂的肩上披上一塊橘黃色的布，接著泰然自若地告訴我們，在北韓的共產國度裡，佛教、天道教及天主教等宗教是受到保護的。這種說法完全背離事實。根據聯合國二〇〇九年二月的報告，在北韓境內舉行宗教儀式是違法行為，會遭到起訴，國家安全保衛部的某些單位甚至將舉行禮拜儀式及勸人改信天主教的傳教士送進大牢。更糟的是，個人意識形態及私人教派全數遭到打壓，人民必須謹記於心的只有政治領袖的一言一行，這就是唯一的宗教教義。在晴朗無雲的清晨，我並沒有見到任何香柱，也沒有見到點燃的香爐，佛像腳下也沒有香客奉上的水果或是一小碗香米等供品。只見最大尊的神像端坐中央，這全身鍍著刺眼的金的泥塑神像，脖子上戴著一個花朵早已枯萎的花圈。這也要人完全信服！

「有多少信徒？」我很遲疑地提出這個令人尷尬的問題。

「一萬人。」假扮的和尚回答道，同時還試著塞一本（需付費的）寺廟簡介到我手中。

「這個地區有一萬名信徒嗎？」

「不，是全國境內有一萬名信徒。」

這就是我所說的愚蠢大騙局。

三尊雙眼碩大細長的佛像，安然穩坐在鋪滿沙子的寺院中冷笑旁觀。這一切都只是幻覺。

官方強迫我們參觀牡丹峰戲院，這棟建築的多利安式柱頭及山形牆在一片紫杉林中打造出古羅馬風情，只可惜這片紫杉林不對外開放；萬壽台噴泉公園雖名為「噴泉」，卻沒有噴泉湧出，也沒有對外提出任何解釋；然後是驚人的千里馬青銅像（一匹長翅的駿馬，翅膀長十四公尺，高四十六公尺，象徵著難以馴服的人民意志）。最後平壤市區依著丘陵之間圍繞發展，亭台樓閣優雅地順著如烤餅乾的棕褐色山坡展延下來。

我們還參觀了練光亭。練光亭坐落於古代用以報時的鐘樓以及大同古城門之間，是一幢上了紅漆的木建築。詩人曹偉定義了平壤八景，他甚至還明確指出參訪這些景點的最佳時間點，大力推崇冰雪初融、暮色低垂、曙光乍現、春風拂面等大自然令人感動的瞬間，襯托了這些景點的不凡。但其中並不包括練光亭，所以也沒有建議的造訪時間，但自從西元一一一一年興建以來，它總是令人驚豔。導遊帶領我們於十點四十五分左右抵達此地算是恰當的安排，但他並沒有點出這幢建築曾於十七世紀重建，畢竟西元一一一一年聽起來比較上得了檯面，也體面多了。

我詢問是否應該等到十一點十一分再入內參觀？

閣樓正對著大同江平坡、羽翼被河水濺溼而顯得亮閃閃的鳥兒在平坡上活潑地蹦蹦跳跳，牠們知道自己正在獨裁者的故鄉築巢嗎？最後幾道清晨的霧氣籠罩著飛簷，屋簷下是題有藍色字體的梁柱，奇妙的是江水彷彿自乳白色的光影中湧現。然而隔著江流光影之後的平壤，只是個扼殺江水喉舌的微醺假象。連空氣都好似瀰漫著煙塵味。總之，這半小時的參訪不禁讓我們揣測這個地方其實相當和諧美好，在塔樓之上，飾有龍型雕刻的亭閣之間，以及這些築有防禦工事的厚重城門之後，人民可以過著安居樂業的生活……只不過，這些美好的景象之中缺乏了一絲絲漫不經心，看不到放鬆心情四處閒逛的行人，其他地方隨處可見在長凳上或樹蔭下親吻的情侶，在這裡也看不到。在距離權力中心遙遠外省「動搖階級」的居住地，我們是否會比較走運？

金先生盡其所能地拖延參觀時間，但也沒有十足把握能拖延多久，就像是試圖拉長一塊已經疲乏的口香糖。事實上，他之所以拖延時間是因為我們的車已經沒油了，這種事該如何向我們據實以告？油缸裡的油還有半公升就見底了，司機像是承受極大痛苦般拿著石油配給券四處奔走，為的只是找尋三加崙的汽油，恰恰說明了物資嚴重匱乏的事實。沒有汽油無法啟程前往下一個目的地，大夥兒只好坐在階梯上，金先生二號在枝葉下一邊踱步一邊講電話，像個害怕被斥責的小男孩。

「觀賞眼前美景吧，不是相當壯麗嗎？」

遠方在河彎處，兩位河床疏浚工人拿著鏟斗在河中小島間顛簸而行鏟起汙泥。風聲在我們耳邊不斷轟然鳴唱，我們繞了一圈，走向沙灘和草地，直到岸邊的垂柳，直到道路上。磚堆旁有位小舟出租業者，租船要價只有幾歐元。手搖著槳，朝著太陽的方向溯江而上，小船航行過後的軌跡像折線一般在燈芯草中失去了蹤影，第一位以手掌碰觸到橋身的人可以獲得一碗麵的打賞。有何不可呢？

著名電影人克勞德・拉茲曼（Claude Lanzmann）在散文集《巴塔哥尼亞

野兔》（*Le Lievre de Patagonie*）中，詳盡描述五〇年代他與美麗的金琴順於大同江的一個小島上所經歷的純樸溫柔愛情。他帶著金小姐划著小船來到島上，金小姐顯得相當內斂溫柔。在這個眾人互相監視的國度裡，他們努力避人耳目找到獨處的時間，然後陷入瘋狂，互相愛撫，最後重新回到人群中，身上被微微濺溼，提不起勁，意猶未盡……

四十年後，當我們再次回顧朝鮮民主主義人民共和國，即便是社會迅速變遷，心中也會質疑這個故事的真實性，大家恐怕很難理解為什麼只不過談個戀愛也會有如此悲慘的下場。金小姐滿懷愁思，於是在精心打扮之後，上樓到他的房間，帶著一點反革命的意味，不顧一切準備獻身給他。就在此時，俗稱「戴帽子的」警察人員達達作響地上樓，破門而入，硬是打碎了這對鴛鴦的浪漫與溫存慾望。警察進入房間，女子抽抽噎噎地重新著衣，上衣掛在手上，頂著一頭亂髮，一陣喧鬧之後，警方把她帶走了，沒人知道她被帶到什麼地方。

沒有人知道這位弱不禁風、濃妝豔抹的金琴順最後下場，或許就像一朵被踐踏過的玫瑰，丟棄在爛泥之中？

克洛漢非常融入目前的情況：朝鮮民主主義人民共和國令人幻想破滅的大詭計讓他覺得開心又有趣；他想來這片屬於該隱的大地上漫步，而這個在巴黎及隆格多克區（Languedoc）以外的地方散步的心願果然如願以償了！當然啦，這位大男孩絕非滔滔不絕的人，但我知道如何應付他的沉默。在一般情況下，他可以低聲抱怨所有事情，這麼做能讓他保持冷靜，也能讓他避免失控說出不該說的話。講究穿著且守時的小克總是最先抵達大廳，雙手各拎著一個袋子，西裝筆挺站得直直的。只不過不能太逼他，像我就常會搞得他緊張兮兮，忍到在電梯裡面或房門關上之際才放聲笑出來。我們這支超現實隊伍也挺怪誕荒唐。每天耗在一起十至十二個小時，總有種在玩紙盤遊戲的感覺，真正重要的看不見，而其他看得見的都是假的。克洛漢和我常常有默契地交換會心的眼神，而且各自必須忍住噗嗤一笑的衝動。

至少當我們眼神迷離看著這些像玩偶般魚貫進入大廳的北韓人（但他們

的眼神可以直接穿過我們，好似我們是透明人），明明好像反覆背誦滾瓜爛熟的課文，嘴上卻還要假意說著「若無其事」的話，這要教我們如何忍住不笑出來？又或者是，看到一對對中規中矩的新人（新娘一身芭比娃娃裝扮，不習慣地蹬著會發出響聲的高跟鞋，新郎租來的西裝布邊脫線，穿在身上顯得笨手笨腳），他們在羊角島國際飯店的廣場上，在大批的閃光燈下用滑稽的動作姿勢拍攝他們的婚紗照，教人看了如何不失笑？在我們面前，新郎新娘們成雙成對接續入場，每一對新人看起來都像是同個模子印出來的，緊張而發抖，為我們演出這場幸福北韓人的劇碼。看似完美的小機器人重複上演同一齣戲，想對外界說明他們的國家沒有離婚這回事。一到相識紀念日，北韓人的習俗是贈送一條小黃瓜！至於另一群操俄語的雜技演員，個個孔武有力且身手矯健，早餐後，他們在走廊上演練起特技動作，對我們來說不失為一場少了舞台燈光的飯後餘興節目。這些把有血有肉的人變得像機械人的始作俑者，亦即這些傀儡戲的幕後操縱者，我從他們身上找到一絲無足輕重的幽默感，或者說得更具體而微，是一種嘲諷的黑暗面。這些操弄者，在不為人知的另一面，卻也還得要盡力保證一切都能認真嚴肅和順遂穩定。我想說的是，極權國家所有亂七八糟的事情都是這樣。

前一天晚上，我們在旋轉餐廳碰了釘子。理論上，位於飯店第四十七樓的高塔旋轉餐廳每小時會由輪軸帶動轉兩圈，但從這裡看出去只見薄霧不見平壤。虧我們還覺得這間餐廳會是這次行程的美食指標之一！望著窗框外的渦狀雲耐心等候半小時後（看著看著不禁有點頭暈噁心，感覺很像身處於一架不停盤旋在陰霾天空裡的飛機機艙之中），一名服務生向我們解釋，因為我們並未事先訂位，所以目前沒有位子。此外，任何食物供給都必須事先計算好，因為他們沒預料到我們會光臨，廚房也沒多餘的食物，所以不論是一串迷你烤羊肉或是一盤麻油菠菜，這回我們全都吃不到。既然如此，我們只得下樓到其他餐廳，但如果因為時間太晚而不供餐，我們也只能自認倒楣了。至於下次再過來，這確定不可能，因為這不在我們的參訪行程計畫之內。這樁意外插曲讓金先生顏面盡失。金先生二號再度在我們面前打電話給一位不知名的對象，另一隻拿著一疊帳目清單的手在空中揮舞著。

在我們啟程之前，克洛漢的親朋好友對於這場異想天開的旅程紛紛感到驚慌失措，畢竟要這位大男孩開口說三句英文都很蹩腳。他的身體狀況允許長途旅行嗎？可別想要在平壤住院！長程飛行？想像一下，途經喜瑪拉雅山上空時望向舷窗引發的眩暈危機？或是在可容納十萬輛汽車高速穿梭的北京六號環城道路上突然廣場恐懼症發作？在潛入瞭望台時，南北韓非軍事區的情勢突然失控？決定到地球上碩果僅存的共產國家度假，再附贈輻射雲危機，當事人必須要有很強烈的意願才行……

克洛漢的親朋好友再三告誡他，「沒有人能忍受北緯三十八度線以北的無聊生活，簽下旅費支票前還是仔細考慮清楚吧。如果你的朋友是到北韓工作謀生，你到那兒要付的代價可是你的命喔！」

管他的！克洛漢挖苦似地聳聳肩。他對這場半實驗旅行感到無比興奮。在混亂脫序或是無聊厭倦緊緊跟隨的時刻，他便端出他的七星文學叢書來因應。例如，這天早晨他在水氣籠罩的水族箱旁耐心等待，埋首於一九五七年出版的瓦樂希作品集第一冊之中。就算世界在他面前塌下來，他大概也不會在乎，因為他正沉浸在《碎裂的歷史》（*Histoire brisées*）裡，這是他用來對抗野蠻未開化的氧氣筒。北韓比世界其他地方更需要書籍，如果沒有書籍的救贖，真不知道我們會變成什麼樣子？至於他總擺在復古英格蘭樣式的西裝口袋內的絲質手絹，還有上了亮光鞋油的皮鞋，搭配蘇格蘭紗線或是安哥拉羊毛製成的黃色或紅色襪子，他刻意穿著這身衣物，把腳擱在年久失修建築物的橫槓，或是分隔田地的田埂上。不管是無言抗議，或是反制集權的毒害，他這一身時髦講究的行頭的射擊精準度可比槍桿子更強。

但坦白說，即便有著以下種種限制，我仍不認為在北韓旅行有極高風險：我們的護照被沒收，沒有行動電話，與家人、朋友、報社、法國、二十一世紀的世界斷絕了聯繫（有關外界的訊息無法傳布，透過電視只能看到相當零星的報導，而且也很少人有電視）；北韓境內的通信網絡被監聽（有個脫北者講過：「打電話可能會賠上性命。」他還表示，在北韓，一旦與外國人交談，被定位後馬上就會人間蒸發）；整個飯店只有兩個網路連線孔，其中一個在特定時間可以連上網路（只有黨部高層才有權利擁有電腦，而且連線上仍受到限制）。我的房間裡沒有裝設單向鏡，廁所也沒有監聽麥克風，但願如此。茶壺裡的水並沒有被下藥，至少我喝了茶壺裡的水之後，也不曾在睡夢中胡言亂語，向心狠手辣的國家安全保衛部官員透露我犯下的滔天大罪，跨出房門的時候也沒有在走道上被錄影監視。我自認清醒的時候，並沒有出現作夢幻想的症狀；我獨自一人淋浴時，蓮蓬頭也不是潛望監視照相機，排水孔裡更沒有隱藏式麥克風或是透鏡，好讓功能超強的掃瞄器對我執行全身檢查；坐在椅子上的時候，機器也不會跑出DNA分析結果。從我房間窗戶可望見版畫般的景觀：河流、主體思想塔，幾幢灰色的建築，空中飄著一團狀似齊柏林飛船的雲朵，擱淺在山陵上——這可不是一幅以熱熔膠黏在窗戶玻璃上的照片。

我的房間並非設有軟墊的單人監獄，房裡沒有裝滿傳導感應器，也沒有一張具有全景照相功能的扶手椅，床鋪和冰箱圍繞在身旁，阿拉伯風格圖紋的黑色瓷杯裡泡著茶包，杯子裡裝的並非長期熬煮香菇所萃取出的汁液。至少我希望如此！

白天我不會幹出蠢事，克洛漢同樣也是安分守己。他來到北韓是為了放假休閒，而我是為了觀光考察。至於從事新聞工作？您在開玩笑嗎？舉例來說，為了符合我身為旅行社負責人的角色設定，我昨天還要求參觀西平壤飯店，這間飯店除了乾淨之外別無其他吸引人之處；之後則是由兩座相同大樓組成的高麗飯店，比西平壤飯店更雄偉莊嚴。我去看了飯店的大廳和藝品店，逛一圈後去要了房間價目表。還穿著橡膠拖鞋去考察地下樓層以及游泳池（一位飯店員工帶我到深藍色的冷水池，三名泳客在池中大聲吼叫，載浮載沉，我無從得知他們的國籍），然後再晃到一間熱得像溫室的餐廳，克洛漢熱到不支，一口氣喝掉四分之一升的甘泉天然氣泡礦泉水。迷你花園裡種植許多小盆栽，我這邊看看窗簾、那邊摸摸瓷磚，開開壁燈，掀起地毯，刮擦牆壁油漆。我咋著舌頭一筆一畫專心地記下筆記：建於西元一九八五年，樓高一百四十三公尺，設有五百間客房，設備舒適，隔音不佳，外觀無特色又陰鬱。金先生眼睛掠過我的肩頭偷瞄我的筆記，他真的以為我是認真在做筆記，真心認為我從事觀光業，真的相信我來到北韓是為了我的事業考察必要的旅遊資訊。

「這類型的飯店都吸引什麼樣的客群？」

「主要是中國人，來經商或洽公的。」

「我也是這麼猜想的。」我用了然於心的樣子對他的回答下了結論。

下午三點的停車場，約有十二台藍色賓士停駐於此。在北韓，只有政府高官以及在國際運動競賽中獲勝的運動員有權擁有車輛。賓士車出現在飯店，不是這些國家高層人士與他們的助理開房間（房間裡沒有監聽設備），再不然就是在此與北京密使簽訂（晦澀難懂的）合約，以對抗國際社會對北韓進行的禁運措施，或者以上皆是。畢竟這世上所有事情都相互關連，這兩件事都無法單獨存在。

金先生問到：「您估計一年可以安排多少法國人來這裡？」

「幾百位吧，如果獲利不錯的話……總是得實事求是嘛，不是嗎？」

這番回答讓我的跟班對我另眼相待。

在大廳購得的《平壤時報》（共八頁，彩色印刷，售價一歐元），內容全是關於金正日及其子金正恩的報導：前一天兩人乘坐裝甲列車深入北部省分的偏遠地區，連袂視察一間紡織工廠。這則新聞也不是那麼微不足道，畢竟金正日的三公子公開露面使得這則新聞更顯重要。在此之前，世人並不太知道他的廬山真面目，這位政權繼承人終於浮上檯面，在盛大的場面中向他的人民證明在瑞士求學並沒有讓他墮落，而且還主動提議轟炸北韓南境的延坪島。他採取了極其愚蠢的軍事行動，但這項行動彰顯出他的決斷力。在政權過渡時期，他還特別竄改出生年分，以便與父親及祖父的出生年分相應和——金正恩生於一九八二年，金正日生於一九四二年，金日成生於一九一二年，明眼人都看得出明顯竄改的斧鑿痕跡。

報上只要一提到他們，就必須重複提及他們的名號，一下子總書記，一下子第一書記，這種做法讓整篇文章看起來雜亂無章、難以理解，讓原本簡單扼要的資訊更形壓縮，最後真正的訊息可說是蕩然無存。父子檔同時穿著加厚棉花製成的鐵灰色滑雪運動衫，讓兩人身形顯得笨重不堪；兩人同進同出，同時公開亮相的意圖非常明顯。依照慣例，我們親愛的兩位臃腫領導人下達重大指令（究竟是哪一個指令？）時，總會讓生產單位管理者以及下面一群工作勤勉的工頭目眩神迷、大為讚賞（照片中這群身著工作罩衫的人顯得畏首畏尾、害怕至極）；這些人都住在鄰近地區，靠打零工維生。之後「太陽之光」及「年輕將軍」再度啟程，於裝甲防彈車中視察飛彈演習，這些舉動都是為了鞏固他們的地位，讓平壤的忠實擁護者人數節節攀升，有著更好的飲食，過著更安穩的生活。然而，報章雜誌中沒有一行文字提及糧食匱乏，一再發生的飢荒（四分之一的人口在當天需要緊急糧食援助），或是發生於中東地區的重大事件。這種情況讓人以為天底下根本沒回事，而這個世界的範圍就僅限於與中國交界的鴨綠江和撕裂南北韓的北緯三十八度線之間。至於輻射塵汙染，即使僅距六十公里以外的首爾，空氣裡都已經測到核能放射性物質，北韓人還是說完全沒問題，我們這兒還沒有受影響……後來我以相當謹慎的方式提及埃及強人胡斯尼・穆巴拉克的命運，讓人聯想到突尼西亞總統本・阿里的下場，以及隨之而來的人民解放運動。我的導遊顯得相當驚訝，將臉埋在雙手間不斷低語：「喔，不！可憐的人們。」只不過他憐憫的對象不是深陷暴政統治的小老百姓，而是這些不走運的獨裁領導人。

☀

金先生再度出現在廣場上，他將那綹瀏海塞在耳後，一臉緊張一邊小跑步一邊叫著我的名字。我試圖避開他。按理我是不能看到這群販賣泡菜或魚乾的婦人，而眼前的景象看來很像黑市交易。

「尚先生，快點回來啊！」

金先生和他兩名同伴在旅館的附屬建築中紮營，以便緊迫盯人就近監視我們。我有出去蹓躂一圈嗎？只不過是在斜坡及垂柳樹蔭下喘一口氣轉換心情罷了。我本來是這麼認為，但實際情況並非如此。因為在北韓，即便是剛剛好準時抵達，就已經視同遲到了。假若我們準備於九點出發，應該在十五分鐘前準備妥當，八點五十分應該要上車，像教宗一般嚴肅的金先生二號和司機先生早已在車上恭候我們大駕；八點五十五分車門關上，發動引擎；正九點時，車子剛好穿越柵欄。這群人好比裝了自動裝置的木頭人一般按表操課，跟釘在軟木板上的甲蟲一樣死板板。

這天早晨我們啟程前往外省，正當一行人朝著東海的方向往元山市及金剛山前進時，我提出取消動物園改參觀電影拍攝場的請求（餓壞的動物很有可能互相打鬥，最凶狠的動物勢必一口咬下最孱弱的動物，狼吞虎嚥終至屍骨無存。弱肉強食的過程都逃不過攝影機的法眼，處處上演著老虎對抗獅子，獒對抗看門犬或是鬣狗的情況，居然還有人喜愛這類型影片，在市場上不斷轉賣）。眾所皆知金正日是第七藝術的狂熱愛好者，他喜愛的片子包括美國的賣座片、動作片及冒險片，特別喜愛《十三號星期五》。除了執導有詩意的社會革命電影，還將電影藝術理論化，在各式政治宣傳活動中鼓吹這類型活動。更過分的是，金正日於一九七八年綁架南韓二級導演申相玉及他的演員女友，目的是要讓申相玉為他效命，藉機竊取學習申相玉的導演手法及製片技術。在這段期間，若干南韓人、泰國人及日本人都被捲入這起北韓政府主導的綁架事件，金正日先是一概否認，之後又藉由釋放五個人的舉措承認了犯行。北韓經常透過這種惡劣手法以釋放人質的方式養成雙面諜，或綁架重要人士從他們身上獲取情資。總之，申相玉被迫留在北韓的「訪客居所」，金正日給了他一筆錢拍電影，於是申相玉被迫產出六部作品，其中最為人知的是《一去不回的密使》（*L'emissaire n'est pas revenu*）。一九八六年，他藉由參加維也納影展的機會取得美國政治庇護，成功逃離北韓。

金先生二號證實，在北韓首都平壤的周圍郊區存在著以實景比例仿造而成的日本城市、中國城鎮及歐洲城市，其中還包括了學校和教堂。有了這個影城，不管拍什麼片都沒有出國的問題，更不用擔心出了國就不回來。這會是布景中的布景嗎？是虛張聲勢的紙帝國裡的樣板吧？身為觀光客的我們實在很想去瞧瞧。

「不在行程表裡。」金先生二號如此回答。

「從外省回來時順道繞過去看一下？」

「不可能啦！」像騾子一般固執的金先生二號如是說。

「如果你們不開放某些景點讓人參觀，我們要如何招攬遊客前來北韓觀光？」小克感受到我的怒氣，向對方展開攻勢。

「我們當然是心懷感激向您介紹景點，如果……」

金先生在我們兩人輪番上陣、唇槍舌劍的氣氛之下屈服了，但並未做出具體讓步。「我可以向上級請示，但我十分確定這是不可能的事。」

為了這趟旅程，我始終將金正日的作品帶在身邊，但我很快就對他的作品感到厭煩。這傢伙深知如何切中要點。聽說受他指揮的祕密實驗室曾經至少嘗試複製金正日本人一次。他擅長理論化所有事物，即便是新聞行業也是如此。以下是頗為著名的荒謬論調：「報章雜誌必須以重要版面歌頌偉大領導人及革命的重要性。」或者這句利他主義風格的格言：「依據黨的綱領撰寫文章者可被稱之為英雄……。」

國家書店依照主題分門別類販售金正日的理論著作（分成思想、革命、音樂、經濟等主題），這些小冊子全出自金正日之手，並翻譯成多種常用外語。在旅途中只要一停在休息站，我們就能看到文摘本，他的大作就展示在櫥窗中，旁邊還有小旗子和花圈環繞。總會有一位服務人員趨前向我們推銷精裝版或平裝版的全套文集，每一冊的扉頁總是在半透明的描圖紙上方方正正印著一幀令人著迷的黑白人像。肖像中的「他」頭髮吹整得一絲不亂，衣領是毛澤束裝的式樣；看不出年紀，身材圓圓胖胖，散發著男子氣概。雖然看起來皮膚光滑，但免不了有些僵硬不自然，與他永恆的父親頗為神似。

前往東方省分的道路相當筆直，在三線道的路上，一小時內在雙向車道只看到四輛來車，感覺就像是在鄉間開闊機場跑道上行車，只不過這個機場上看不到飛機，沒有航站大廈，也沒有控制塔台。汽車行駛得相當平順，路上沒有任何顛簸。時間彷彿靜止了，穿過駕駛肩頭看到的哩程表不停轉動，表示我們不斷向前推進，證明我們不是身在模擬器中。

光禿禿的山頭上及綿延不斷（做為防空洞之用）的隧道中，沒有任何指示號誌燈，沿途的風景很快讓人了解到周遭地景單調。除了許多岩石散布其中，沒有樹木及鳥類，沒有野生動物，只偶爾可見由外觀相似的房屋群所形成的幾座村落。孩子們在村落的學校操場中遵照擴音器的指示做體操，外人無從接近，必須穿過其他道路才得其門而入——一條蜿蜒小徑穿過乾涸的稻田、水塘及爛泥堆，有時候還有幾座池塘，人們就在這裡用沒有魚餌的釣竿釣魚。拜路面平整之賜（離首都地區至少有百里之遙），小克和我在廂型車座位上抱著書猛啃，好像我們安安穩穩地坐在房間裡一樣，我們也從來沒有頭暈或是想吐。大夥兒的座位分布恆久不變：前座是司機先生及金先生二號，再來是金先生自己坐在折疊補助座椅上，克洛漢坐在雙人椅上，最後我坐在第三排。我們的陪同人員行李放在走道右側，我們的行李因為比較大件，放在行李廂裡。坐前面的導遊們要不是和司機竊竊私語，就是對著電話咆哮；而坐在後面的克洛漢和我，則沉浸在書海或是四處神遊。通常車裡的空氣中瀰漫著一股死寂，沉悶至極令人昏昏欲睡，讓我們連發呆出神的力氣都省了。厭倦了一成不變的景色，有兩三回我直接躺下來，看著不斷延伸的天空以及薑餅般的鄉間景色。這些景色好似印在一個畫布捲軸上，不斷在我的車窗外展開。車底下筆直延展的道路，則像無止境捲收著紗線的線軸。在這趟全部事先安排妥當的行程中，時間都是經過精確計算，行事處處受限，隔天同樣的情形又將再度上演……

金正日在《角色及演員》（*Les Personnages et les Acteurs*）一書中嘗試定義他心目中的好演員：「演員不能受限於某一種思想領域，而是必須將視野及觸角延伸到各領域。」他更進一步明確指出：「演員首先必須為政治和意識形態層面做好堅定準備。」他說得可真是清楚明白……我用鉛筆將第一段話特別畫起來。我們照著在平壤就已預定好的行程，於一座水泥拱橋下車如廁休息；這座橋因為與道路交疊，看起來就像是露出地面的半截輪胎。橋拱下有位婦人拿著裝著熱茶的保溫瓶等候我們大駕光臨，像石膏般慘白的蘋果一顆要價一歐元，金正日的大作則置於架上。我藉機向金先生展示正在閱讀的段落。

「我們都有點像是演員，不是嗎？」

導遊臉上的肌肉扭曲了一下。

沒錯，我體內不安分的靈魂又開始蠢蠢欲動！但我不至於太過魯莽，看到破房子後面衣衫襤褸的民眾，我什麼都不敢問。他們總是像幽靈般拎著裝有香草植物的小包袱急忙躲藏，面露恐懼神情，反射性地躲避我們這部劃破寂靜的廂型車。

在喬治．歐威爾著名的小說《一九八四》中，三個超級大國彼此征戰。若說對這三大國而言，戰爭是表面上的動機，那麼戰爭更是這三大國之所以存在的基礎。對抗敵人，即便是假想中的敵人，必須要快速反應，正面迎戰，維繫團結人民。在盎格魯薩克森集團的大洋國裡，老大哥這個偉大監視者無所不在，社會由三個階級組成：人數極少的上層領導階層、勤勉但冷漠的中層公務人員，以及人數最多卻乖順屈從而無法抬頭的無產階級。在這樣的社會裡有思想警察會針對反抗分子進行搜捕。人們都得使用因單調簡化而較無危險的「新語」。但當沒有足夠且適當的詞彙可使用時，面對無法形容的事物，該如何創造新的語詞？又該如何擺脫飽受禁錮的句法？一些極其荒謬的口號（「戰爭即和平」、「自由即奴役」、「無知即力量」），宛如誦經般不停重複後，久了似乎也就形成真理了。這些口號不斷被重複，因而塑造出愚民、順民和均一制式的人民。長期下來會讓人們變成他們不願意成為的樣子：一個心中充滿恐懼害怕的生物、一名共犯。在一群被當成棋子的人民之中又多了一顆棋子。

在市場全球化、太空探測已達火星的二十一世紀，此刻的北韓竟與歐威爾筆下所描繪的景況相去不遠：「金日成即金正日，金正日即金日成。」外在世界的威脅仍然存在。帝國主義者及其奉行者希望將北韓逼到死胡同，並加以毀滅。不論是城市裡的居民還是鄉間的農民，也不論身處平原還是山間，北韓全體人民的義務是選出最優秀的領導人來帶領大家戰鬥。金日成、金正日及金正恩祖孫三代一脈相傳，能預見一般人未能洞悉之事物——「偉大的領導人」，又名「永遠的主席」、「最高指揮者」，也被稱為「具備鋼鐵般意志的常勝指揮」、「年輕將軍」，又名「小紅王子」，不論過去、現在和未來，都一定能為人民謀取最大福祉。北韓領導人以一擋百，不斷擴建軍火庫以抵禦外在威脅，他們已經於北緯三十八度線建立屏障，有效確保國家安全。明年適逢「二十一世紀朝陽」金日成百年冥誕，領導階層再三向人民保證，具體實在的幸福即將降臨在每位人民身上。沒有積極推廣這項理念的人可要當心了，國家安全局的監聽錄音機時不時在黨政重要人士的辦公室側錄，隨時毫不留情地消滅膽小鬼、懦夫和狡猾的騙子。

是的，假若外界的邪惡勢力不用盡卑劣及貪婪的手段試圖扼殺，北韓領導人三劍客的理念應可成功落實。在人民革命運動的堡壘中，他們齊心一致對抗外侮，三位最高領導人永遠是對的，其他人永遠是錯的。證據為何？全世界各國總統致贈的禮品即是明證。瞧，面對如此盛情，可不就特別蓋了一座紀念館……坐落在首都兩百公里外妙香山上的友誼宮，是一座鑿山而建的小型抵禦核武掩體，裡頭有一百五十間十公尺高的大理石房間，擺放了全世界一百七十四個國家領導人及特使所致贈，高達數萬件的紀念禮品（勳章、武器、裝飾精緻的瓷盤、火車車廂、熊標本、電動咖啡機，蘇聯製的防彈車……），他們對北朝鮮的認同真是不言而喻！真讓人不由得感到在充斥著貪婪殘暴、陰險狡詐的世界中，北韓是一座自由的避風港。根本就是在黑暗中撫慰人心的一盞明燈。

這樣說來，誰能不拜倒在銅像跟前？誰又能不跟隨著一大群圍著小紅絲巾的孩子們高聲齊唱〈將軍之歌〉？誰能不忘我服膺，投入這集體幻想？然後，每個人就只能狂熱地融入動作分毫不差的群眾，隨著電影配樂起舞？不論晨昏日夜，在我的睡夢中及白天的參訪行程裡，在電視上、走在路上、走廊及大廳，在每個房間、地鐵站、車站及十字路口，甚至是我的三位同行者外套上的別針，隨時隨地金氏老大哥總是正在看著我。我試著抗拒他在精神上的支配及影響，不願閱讀他矯揉造作、十分抑鬱的詩作，不願再看到他處處粉飾竄改的肖像。我想避開這些景象，但他卻無所不在，就連今早用膳的餐廳牆上也掛著一幅大型照片，照片中的他正在視察古代朝鮮帝王的考古遺跡。然而，我也可以因疲倦厭煩而給自己找個理由，去理個制式的髮型和買套維尼綸人民裝來穿。何必奮力抵抗？畢竟在北韓，偉大的領導人是一股強勢力量，充滿動力及能量，帶領人民前進，形成國家的基礎……他是一位擁有三個不同面容的父親，擁有至高無上的力量，是萬物之始，也是國家圖騰的象徵，能帶領國家走向重生之路。在這個悲慘的國度中，他是最重要的主幹，同時也是上帝的化身，肩負帶領及指揮人民的責任。他的意志就這樣集中透過影像、透過種種造神說來傳達明確的命令。這位人民之子在巨幅壁畫、馬賽克畫、看板、白布及旗幟等處盡情展現自己，可以回應任何階層以及任何人民的需求，包括牙醫、護理人員、輕步兵、坦克兵、工人、被煤炭弄髒臉龐的礦工、冶金工人、學童及新婚丈夫，海關人員及莊稼漢。他向來主動親切待人，對農人跟對知識分子一視同仁，對警察跟對助產士沒有高低分別，對機槍手和對救護車司機也並無二致。他將老人和孤兒、悲傷的婦女及被暴風摧殘的水手，通通都納入他的保護下。

偉大的金氏父子既給人民提供安穩的庇蔭，也是溫暖人心的光芒，他們開拓和平局勢，也不斷在長到快到人肚子高的小麥田裡，或是結實累累而樹枝彎垂的柿子園中，讚嘆著重複：「農業是立國之本。」軍人士兵在提到這位兼具父親、大地與母親形象的領導者時，甚至還要加油添醋補上一句：「我們無法遠離他的懷抱生存」。不，你待在敵對陣營永遠不可能有生存的機會。古代高麗帝國的生存也是仰賴於此，各位請甘心臣服吧！千萬別等著外來侵略者拿著粗短木棍侵擾各位的兒女，被打斷脊骨才後悔莫及。

酒精當然是一種藥物，雖然有時還不夠到位。它能在旅途中安撫焦躁易怒的情緒，在靈魂及眼神中加入了若干溫柔——至少在剛開始的時候可以。在俄國伏特加短缺的情況下，只好以啤酒取而代之，三瓶半公升裝的啤酒下肚之後，北韓剎那間也變得朦朧隱約，讓人覺得一切真是惡夢一場，即便最後的下場是遭到偏頭痛或胃痛侵擾。但顯然這是唯一能讓我找到退路後再繼續往前冒險犯難的方法，誰教我們無法擺脫這些所謂前進，但其實是……停滯不動的事物。不停穿梭於一棟棟鋼筋混凝土建築物之間的舟車往返、停留、搭機飛行。從一開始，偉大的領導者早就牢牢把我們掌握在他的手掌心。

這一天位於侍中湖畔的旅館並無其他住客，只有我們這組客人，侍中湖最負盛名的莫過於「對身體好處多多的淤泥」。小房間裡飄散出一股陳年菸味，混雜著臭襪子以及用來清理地毯的化學藥水氣味。此時來到這裡的你宛若是唯一成功存活的太空人，在太空船的通道裡遊蕩，而這艘星際航艦還在繼續航行。個人座艙的氣壓系統故障後，所有同伴都死了，眼球凸出，肺部穿孔，各自躺在銀河棺柩安息。火箭在繁星滿天的夜晚向前疾飛。你從未受過太空船的駕駛訓練，也無從得知如何在星球之間巧妙飛航，只能相信電腦的運算正確，還是會按照原訂計畫降落在預定地點。這時候，克洛漢和他那雙鞋頭有雕花氣孔的小牛皮皮靴到底踩在哪個角落呢？

我承認是我堅持前往遙遠外省湖畔的溫泉聖地，那裡或許會讓我聯想起法國的溫泉聖地拉布爾布爾或是維琪。行走在這些溫泉城市中隨處可聞汩汩流水聲，也能看見仿大理石的粉飾牆面，如陰鬱火炬般聳立的柏樹，以及稍後會有現場銅管樂演奏的露天音樂台，舞台旁的碎礫石因人群走動而嘎吱作響。旅遊手冊中明確指出：「擁有大片美麗沙灘，適合在此戲水游泳，盡情享用淡菜或烹煮過的貝類……」

但實情又是如何呢？首先，湖面是一灘死水，岸邊散布著幾叢蘆葦，湖岸邊的路十分陡峭且凹凸不平，沒有人行船悠遊於湖面，也沒有人潛入湖底探索。舉目所及看不到沙灘，沒有碼頭供船停泊，湖面上看不到小船，也沒有釣客穿梭，只有遠處傳來擴音器大聲訓話的回音，訓話過程還常常被軍歌截斷。

再來檢視一下旅館的真面目：旅館是一棟圍有藍色欄杆的水泥方正建築，房間十分狹窄，床單沒洗乾淨，螢光燈不停閃爍，馬桶塞住，沒水的時候沒水，有水的時候水龍頭還會滴滴答答漏水。這間「療癒之家」的員工包括三名年輕的女孩，十分害羞而且神色驚慌（但是這跟旅遊手冊上接待中心所在，金碧輝煌的高樓不是同一棟吧？上面還說這裡的酒吧女侍會穿著繡著金花的粉紅色傳統韓服赤谷里裙，女按摩師身著護士制服，頭髮頂端還會插上高雅的髮飾？），她們一無所知，也不想知道任何事，拉長著臉遞出房門鑰匙，囁嚅地說：「先生，您的鑰匙。」說話時一張臉脹紅得像牡丹似的，說完這句話就沒下文了。

接下來我們當然要瞧瞧澡堂，在一間貼有青蘋果色瓷磚的公共澡堂，導遊和治療師陪同我們進場，我們的腳上還穿著鞋子，兩個浴池中裝滿了黑色淤泥，厚厚一層的沖積淤泥布滿水草的枝幹及根部。這種情況不免令我們十分洩氣。我們找盡藉口婉拒入浴，沒有熱水啦，舉凡瓷磚、走廊和我們的房間全部都冷得要命，而且今天氣溫還驟降。這樣我們泡完泥澡後該怎麼沖水？也許明天清晨再看看吧？金先生見狀一臉沮喪錯愕，他十分希望我們能如他所願沐浴。為什麼他會如此堅持？因為他們特地為我們準備這場沐浴大典，下午特別派人深入湖中兩公尺以鐵鍬挖起淤泥，一點一點把泥巴裝在黃麻布袋裡用手推車運回，最後再把淤泥一袋袋背進旅館，如此勞師動眾就是為了把剛挖出來的新鮮淤泥給我們用。對於罹患如風溼病、疲勞痠痛、潰瘍、靜脈曲張、神經痛、脊椎受傷的人來說，裸身浸在淤泥中極具療效；若沒有以上疾病，長途旅行後沐浴在淤泥中也能有效放鬆心情、提振精神。他指著列舉各項神奇療效的牌子給我們看，問說我們不就是為了這個目的才來的嗎？大夥兒可是長途跋涉了三百公里喔！我們還是婉拒了好意，寧可喝些啤酒放鬆一下就好。最後他氣急敗壞地離去，念念有詞重複說著一些最好不要翻譯出來的話。

啤酒，先來一大瓶鳳凰牌啤酒。之後我和克洛漢每個人又各自喝了第二瓶、第三瓶。有沒有陳年中國烈酒？你瘋了嗎？這玩意兒會燒灼你的筋骨，讓你像電路短路一樣。那就給我一瓶甘泉天然氣泡式礦泉水，還有再一瓶鳳凰牌啤酒！

克洛漢的輪廓逐漸變得模糊，我也變得不那麼伶牙俐齒。容我在此讚頌女侍者的偉大，因為她給了我們十片炸薯片，用兩顆蛋做成的蛋捲，一盤高麗菜切絲，應該至少切了八片菜葉，我們的晚餐已如巨人的餐點般豐盛。她還很貼心地為我們放音樂，用豎琴與魯特琴彈奏的維也納華爾滋圓舞曲組曲，對抗餐廳裡冰冷沉寂的氣氛。之後她悄悄走開，躲在繪有白頭山（長白山）的巨型壁畫以及冰箱轟隆作響的餐廳裡，在我們面前露出無聊神色。餐廳外傳來狗的嚎叫聲，看起來還有生命存在。我們又開了瓶鳳凰牌啤酒以茲慶祝。

克洛漢和我無所不用其極地對抗這份空虛，這趟太像在演戲的旅程。我們放寬一切標準，靠著細數點滴資料沉浸在回憶裡，藉以對抗外在的沉悶無聊。例如，問他還記不記得在日本電視連續劇《來自宇宙的訊息：銀河大戰》[3]中，加拔納斯帝國的外星部隊穿著像螢光色睡衣的服裝突擊地球人，雙方以滑稽的空手道招式一決高下？或是英國影集裡馬丁・蘭道（Martin Landau）飾演的艦長約翰・肯寧（John Koenig）、芭芭拉・貝恩（Barbara Bain）飾演的令人振奮的醫師海蓮娜・盧梭（Helena Russel），以及貝里・摩斯（Barry Morse）飾演的維克多・貝格曼（Victor Bergman）教授？難道北韓和這部英國科幻影集《外太空1999年》（*Space:1999*）沒有一絲絲雷同？現在不就是輪到我們跟著外星人從畫出來的星際戰艦機艙窗後粉墨登場嗎？

再錦上添花加上一些情節就更像了，金波醫生（Kimble）[4]是逃亡者，正好可由我們的金先生擔綱。入侵者只要動動指頭就能掌握生殺大權。我們還有拉爾伯（Larbaud）、梅爾維爾、瓦樂希這些文學家，盡情消解這封閉世界的枯燥無趣。瓦樂希筆下的特試特先生和梅爾維爾所塑造的書記員巴托比（Bartleby）。謝閣蘭和吉爾貝・德・芙爾贊（Gilbert de Voisins）。凱爾蓋朗群島（Kerguelen）上孤寂的統治者，以及《泰皮》（*Taïpi*）中的馬克薩斯群島住民。拉爾伯書中的女主角費米娜・馬奎斯（Fermina Márquez）和梅爾維爾

---

3 法國播放時改片名為*San Ku Kai*。

4 金波為美國影集《法網恢恢》的主角，片名原文*The Fugitive*，意為逃亡者。

小說裡的水手比利・巴德（Billy Budd）。他們也出場助陣。哎呀，瑪地群島呢？我們聊起共同都知道的事情，比如幾間書店及餐廳的地址；克洛漢醉心於地方特色名菜，如數家珍講出牛犢胸腺及白汁塊肉，熱騰騰的香腸，勃根地牛肩肉，我鼓掌深表認同。可惜我的胃不好，這樣吧，我把檸檬塔讓給他，此時我心中有一句失望遺憾的話，這句話唯有鳳凰牌啤酒才知道。隔著餐桌，即便他幾乎聽不見我的聲音，我心中的這句話穿透侍中湖畔夜晚的空虛，朝著他喊道：「克洛漢，嘴上說吃的，但你最想念的其實是整個法國啊！」

之後我們開始瘋狂討論起訂製服和現成時裝的優劣高下。偉大的克洛漢在這方面更有發揮的空間。該選擇哪種綢緞好呢？浪凡和夏爾維（Charvet）哪家比較好？迪奧也不錯吧？文藝界名人BHL（Bernard-Henri Lévy）都買哪個牌子的衣服？是拉桑斯（Lassance）嗎？斜紋布跟輕軟毛織物有什麼不同？深淺雙色交織呢和棉織凸紋布呢？需要來個反摺袖嗎？我的老天，從千頭萬緒中精挑細選出一件衣服難道不是最了不起的事嗎？在北韓只要是衣著講究入時，包準是反革命分子。

我的同伴給了我不少啟示之後，居然公然打起瞌睡來。他把手肘擱在桌上，眼神定定望向遠方，白色的腦袋閃閃發亮，活像是空蕩道路上的一顆鵝卵石。我感覺他的眼神穿過了我，他在另一個時空。他的靈魂穿過時區，跳脫現狀，在舊喜歌劇院路（Rue de l'Ancienne-Comédie）[5]神遊，穿過塞納路，腋下夾了三件義大利領的襯衫。我把他拉回現在的時空背景。他回到了侍中郡，身處放著奧地利華爾滋音樂、面前有高麗菜絲的餐廳，接著站起身來，蹣跚地朝著樓梯方向前進，腳步沉重，低聲抱怨，在走廊跌跌撞撞。透過薄紗窗簾可見一片銀光閃爍的湖泊，景象一片淒涼；窗簾底部有幾隻乾掉的昆蟲排成一列（掃帚就在不遠處）。月光映照在湖面上，像是一盞在湖面溺水的小燈籠；剛才吠叫的那同一隻狗持續在不知名的河岸上哀鳴。我們明明沒有強行破門而入，房門鎖怎麼都發出一陣尖銳的聲音？

我漸漸失去意識，就像是掉入一個萬丈深淵，結果發現自己才睡了三十

5　位於巴黎市第六區。

分鐘。然後又來了。棉被上有東西開始快速移動。衣櫥裡發出啃嚙東西的聲音——我曾經在越南碰到相同的情況，當時我在衣架中間發現一隻倒吊的大蝙蝠。我想還是不開燈好；反正房裡也沒有檯燈。我成功說服自己，洗手間堵塞的怪聲是遠方的瀑布水流聲。我可以從呼呼的風聲中得知寂靜的存在——是的，在北韓，迷你風箱發出的聲量就叫寂靜。我醒來又重新入睡，只是睡得不好。還有大把的時間得消磨，這下得靠梅爾維爾和金波醫生了？有個東西正在磨擦我的腳趾，是什麼東西呢？不會吧……

早上七點金先生猛敲了我們房間隔板，將我們從冰冷的昏迷狀態喚醒，他又重新進入我們的生活，將我們帶回北韓這個大地牢。

「尚先生！熱泥，快走！熱泥，快走！」

為了讓我們加快動作，他還帶了備用鑰匙，跟著大廳接待員直接闖進房間，急急忙忙將我們推到房門外。我們十分吃驚，腳上還穿著夾腳拖鞋。我們推測旅館建築失火了，湖裡的淤泥引發火苗，湖面上著火了，浴缸變成了火盆。我匆匆忙忙離開，放棄了我的行李和書，急急忙忙衝下樓梯，導遊跟在後頭，克洛漢也在樓下，女服務員也在那裡。究竟是發生了什麼事？

事實上，沒什麼大不了的，沒有什麼意外事故，只是經過一個晚上的時間後，淤泥的溫度已經上升，所以我們現在必須開始泡爛泥澡了，馬上就要。我用一根手指放進爛泥池裡測試，淤泥還是很冰涼而且散發著惡臭，最後我們還是婉拒了這項邀請。

「還是在啟程之前來一節舒服的小腿按摩？還是按摩大腿？按大腿好嗎？」

「早上七點十二分還空腹就要按摩？免談！」

說完我專橫地回到房裡，把頭埋在壓克力纖維材質的枕頭裡，睡了一小時的回籠覺。

同樣冷漠無情，尚先生也擁有反抗者的堅毅骨氣。

金正日的外型有點像艾爾頓·強，一頭鬈髮高高梳起，戴著一副Courrèges 1980年代款式的眼鏡，過大的鏡框遮掉他大半的臉龐。即便外界都假定他是敗家子及享樂主義者，他還是無法隱藏真實的一面：幸喜隱居，個性平庸，或許還有些孤僻。他的談話內容十分平淡無奇，聲音像是鬼魂一般，完全沒有演說家的天賦，與所謂民權保衛者的形象大相逕庭，也很難想像像他這種性格的人寫得出一系列的主體思想作品。事實上，他或許有些反覆無常、天馬行空，常常暴躁易怒。領導人必須在各式各樣的場合表現出極有智慧的形象，他的確也在延續政權及放任親信黨羽吃相難看等議題上，展現過人的智慧。「人性之子」又名「共產黨的嚮導星」，不僅反應靈敏，性格也有如蛇蠍般惡毒。他也確實濫用權力，不時引發危險的局勢。

金正日的小毛病是在等待餐點時會連續大口喝下幾公升的波爾多葡萄酒及軒尼詩白蘭地，最後一直吃到餐桌上只剩下一點壽司。金正日的御用廚師藤本健二回到日本後出版了兩本著作，「披露」不少金正日的生活實況，其中《喜愛核武及女人的榮譽將軍》提到，領導人破曉即起身游泳，穿著輪式溜冰鞋溜冰，練習射擊及馬術（是騎在迷你馬上嗎？）。喜好追求速度感的金正日，為了他的賽車鋪了一條跑道，方便他下午到黃昏都能時速破表獨自飆車，階梯型看台則是空無一人。他的私人游泳池中有一架遊艇及兩條滑水道。

金正日最早的幾個配偶已經紛紛離世，依出場順序分別是：女演員成蕙琳，她是北韓的「碧姬・芭杜」，也是他此生的摯愛、中央委員會的打字員金英淑、以一頭「亮麗的秀髮」聞名的舞蹈家高英姬，她也是金正恩的母親。而第四任妻子金玉還在世，她彈鋼琴，有著金正日喜歡的「美麗圓臉」，不輕易透露身分，為人低調，卻不忘留心金正日的行程。

然而，他濫用「歡樂組」享樂無度的行徑還是引起外界批評，這個團體再細分成三種功能：歌舞、按摩以及性服務。每年夏天，被選上的年輕女中學生進入宮中，之後可能永遠也走不出宮廷大門。這些女性集所有寵愛於一身，穿著打扮和日常飲食都和一般民眾不同。她們的模範是什麼呢？瞧瞧巴黎麗都的舞孃吧。假若她們在金日成編舞的歌舞劇碼中演出（特別是出自金日成之手的歌劇《賣花姑娘》，描述日本占領時期一個農家女照顧生病母親及眼盲妹妹的故事），她們就必須在晚宴中依老闆及賓客的喜好出場。賓客們不一會兒便酒足飯飽，像笨蛋一樣。這些弱女子在獻出童貞時，肯定在心中唱起了《賣花姑娘》的主題曲，這個舉國皆知、給予人心勇氣力量的故事：「我們是小小的玫瑰花苞／金元帥給予所有的一切好讓我們綻放／我們成為美麗的花朵，同時也獻給我們最敬愛的主席……」這補償微不足道，但「他」畢竟是上帝，她們的上帝。

無論如何，這隻貓熊的宏圖大業是令人想來就覺得「疲乏不堪」且「漫無止境」的。貓熊每晚只准自己睡四小時，還傲慢地說：「我相信能做到的事是沒有盡頭的。」這就是人家說的不自量力……

金正日於二〇〇八年二次中風後體力衰退，開始放慢他全能獨裁者的腳步。當時他已六十六歲且患有糖尿病，必須減少出席性愛派對。他還繼續隨著喜愛的普天堡電子樂團（Pochonbo Electronic Ensemble）的音樂載歌載舞嗎？

還是在週六晚間好好觀賞動作片（他珍藏兩萬多部影片）？或者繼續觀賞已經放映無數次的《不可殺》（*Pulgasari*）[6]？女侍們在進入金正日的房間時，是否還得一口氣喝下一杯滿滿的干邑白蘭地？強迫大家在晚上十點之後在水晶吊燈下開派對，一群重要人物和他本人身上都掛滿碰撞得叮噹作響的勳章。根據異議人士的報告，晚宴有可能變調成聲色狂歡派對，裸體的舞者依序現身，領導人隨興所至任意配對，要求他們做某些姿勢及動作來自娛。「光榮的太陽」無法忍受賓客不盡興在長沙發椅上淫樂，或拒絕用大啤酒杯拚酒。大家在這裡就是要一起狂歡的！夜暮低垂時，他抓起麥克風唱卡拉ＯＫ，要是他沒有藉此稍稍苦中作樂一番，在公園陰影處及鐵幕後冰冷的低語聲中，來自可怕星球的小王子要怎麼活下去呢？

總而言之，領導人是外星人。證據在哪裡？金正日於一九四二年二月十六日出生於白頭山山坡被雪掩埋的簡陋小屋裡。當時聖山發出一陣巨大聲

6 也就是金正日版的《哥吉拉》。

響，兩道彩虹照亮山坡；一隻身形單薄的燕子從天而降捎來消息：「他」出生了。「喔，朝鮮，我在此宣布白頭山之星誕生！」「充滿歡欣，在數千棵大樹上刻上他的大名以茲慶賀。」由帝虎和母熊所生的神話人物檀君，在西元前二三三三年建立了朝鮮；金正日也跟他誕生於同一個地方。根據蘇俄的檔案，金正日出生於當今俄國黑龍江和烏蘇里江東側的哈巴羅夫斯克，他的父親金日成在此地訓練殘暴的抗日戰士部隊。

時至今日，宣傳文宣仍舊說謊不眨眼地重複下列說詞：領導者在田野中漫步時，所到之處百花齊放。他滑雪經過的地方冰雪消融，鳥類在冬季見到他依舊啁啾鳴囀。只要他在參謀部的地圖上打翻墨水瓶，颱風隨即襲擊大夥兒在會議中討論的地區，每次都很準，就是（該死的）日本！或者，當他在平坦的鄉間攤開地圖或紙張，風便自動停止吹襲，在裝甲車上時便是如此，好讓他可以指揮裝甲兵。同樣的情況也發生在將軍抵達南方前線時，突如其來的一陣霧氣將他包圍，好隱藏他的足跡，如此一來敵軍將無從鎖定瞄準他！拍攝官方照片時，陽光必定照耀他的臉。在過大的眼鏡背後，他總是微笑地看著鏡頭，但總是緊閉雙唇。他鼓掌時總是將雙手放在下巴處拍手，抹了髮膠的髮簇一飛衝天。在這個放眼無人能出其右，只有他能唯我獨尊的地方，他究竟是想感謝誰？

當然，金正日具備了韓國人的特質：自持謹慎，孝順，具備家庭觀念，大方慷慨，重視公共福利。他不厭其煩地視察怕得直打哆嗦的幹部，重複閱讀辛辣尖刻的報紙社論。他是「舉世無雙的理論家」，為了放鬆心情及產生更多靈感，一有機會就編織無窮無盡的電影情節，風格晦澀難懂，或是編寫豎琴樂譜，在這方面他倒有幾分天賦。北韓民眾認定他帶給人民「千載難逢的機會」，這位北韓的人民之父也同樣溫暖回應道：「對我而言，人民就像是上帝一般重要。」

在他的婚生及非婚生子嗣之中，這位耀眼的領導之星偏愛他的兒子金正恩（身形方正，偏好無領上衣，像極了祖父金日成，有些南韓媒體還披露金正恩可能動過好幾次整容手術，好與祖父面容相似）。二〇一一年前後，個性「強勢、不易妥協」的金正恩年紀也不過介於二十七或三十歲之間（！），即便政權轉移仍是禁忌話題，但這盞「希望燈塔」將成為繼承人的議題早已為人所知。金正恩的姑丈張成澤以攝政王之姿浮出檯面，協助權力轉移事宜。生於西元一九七一年的長子金正男率先被除名，這傢伙曾因持多明尼加共和國假護照於西元二〇〇一年在日本遭到逮捕，為的是前往迪士尼樂園一遊。東窗事發之時，他供稱自己只是想隱姓埋名。比較可信的是，之後他宣稱為了「隱士王國」的改革避居澳門，藉此逃避父親一派人馬對他的政治審判，父系人馬在二〇〇四年於維也納以及二〇〇九年於北京兩次企圖刺殺他未果。生於一九八一年的金正哲和大哥有著相同的遭遇，被認為太過娘娘腔及迷戀電玩，而自接班名單中除名。畢竟，獨裁領導人的子孫有這些嗜好的確是不太莊重。

既然領導人向人民擔保「繁榮及強大的國家願景」，他的行事風格就必須相當實際。除了大膽挪用聯合國的救援款項購置賓士S系列汽車、金條、別墅，同時還積極參與國外商業信託企業投資，也支持設置幾個針對南韓及中國開放的經濟特區，藉此交換外匯套利及股息。中國為了防範北韓突然垮台，持續施以數千噸的糧食及原油援助。

金正恩對於改善民眾的日常生活也有幾項異想天開的怪招：引進馬鈴薯（以因應稻米短缺），使用天然肥料（說明白點就是人類的排泄物，以因應化學肥料短缺），發表專業的營養建議，指出人一天只需要吃兩餐（北韓被證實有飢荒，這樣的建議可以放慢糧食消耗速度）。除此之外，他還有其他的怪念頭：除了以無性生殖方式繁衍人類後代，還期待以相同的方式繁殖山羊及非洲鴕鳥。沒有一項做法適用於北韓種植稻作的環境。

與此同時，他還考量到自我防衛，他不斷整軍經武以培植軍隊實力（政治術語稱之為先軍政治哲學，國防武力為國家發展核心，唯有軍事強大才能帶動經濟發展），發展核武，煽動各種不同的炸彈攻擊（攻擊民航機、特定人士，甚至是南韓總統），偽製貨幣（他偏好美元），甚至還走私鴉片等。總之，金正日可說是竭盡所能地處處點火，因而被稱之為「萬中選一的全能天才」！

金日成可被稱為最活躍的死人，永垂不朽的領導人，他的兒孫們仍舊維持他流傳下來的做法，師承他的節制謹慎。他的兒孫們也喜歡在瓦楞鐵皮工廠與高爐鑄鐵工人分享第一道熔鋼流的喜悅。他開始四處巡查，為前線突擊部隊提供建議，重整活躍勢力，以手勢互相激勵。他過去強勢領導，目前走親民路線，對於未來也更有自信。

如同嘲諷他為公種豬的漫畫描繪的景象，他不停地搭乘火車下鄉巡查，奉獻自己的時間精力，推行落實他的思想。搭火車並不是因為討厭坐飛機，而是害怕遭到謀刺。他一下在這修補橋梁、水壩的拱型結構、人工湖的設計圖，一下又在那兒修改道路規畫和防禦工程。他是一位全知全能的領導人，知道各個領域的各項事務該如何進行，懂得應用各種科學知識及技巧，從不吝於「主動提供各項指導意見」。在新聞照片及不斷播出的新聞報導中，常常可以見到村民及工人們一臉驚異的神情，即使耶穌基督得以在約旦河岸重現相同神蹟，也不會像北韓領導人一樣獲得民眾如此的迴響！總是戴著一副明星般的眼鏡，只要他一從車子裡出來，馬上可以讓原本打結的事物順暢運行，解決所有既有問題，找到正確的解決方案，重新整頓村莊、莊園、合作社、門診醫療診所、裁縫工作室、髮廊……總之，他的善意、智慧、思想都會化成良善的言語，解決所到之處的一切問題。

超過六十年的時間裡，情報部門負責加工這些資訊，粉飾隱瞞事實、資料和日期。金正日也遺傳他父親，展現了無所不知的領導能力，言談之中充滿啟示，並且樂於與他人分享所知。金正日的形象到處深植人心，他總是全力以赴，而且他早就為像隻哈巴狗隨侍身旁的兒孫鋪好未來的路。人民總是對他懷抱著驕傲、尊敬，及些許敬畏之心，即便是金正恩，看他的眼神也是如此。這就是我們絕不妥協、不可動搖的親愛領導人，對抗處處有敵意的世界，頑固執拗也沒有任何盟友的奧援。即便心懷不軌的軍官們背叛他，他還是持續挑戰南韓的政客（好幾次向對方嗆聲，誓言讓南韓國土成為「一片火海」），西方國家則精於算計持續以禁運方式箝制北韓的發展，帝國主義分子則持續威脅北韓邊境，致使北韓每年必須將百分之二十五的國民生產毛額投入於國防預算。他用雙手牢牢掌握國家的方向之舵，兩眼謹慎地觀察海平面的情勢，宛如至高無上的領航艦長，金正日仍舊是「那位」最高領導人。為了他，海面可以平靜無波、清澈見底。他深諳撫平驚濤駭浪之道。他還成功於地底下廣設偽裝的軍事設備，這無疑讓他吃了定心丸。若有必要，他可以發射大浦洞飛彈，據猜測射程可達南韓、日本，甚至是美國阿拉斯加。

另外，他很幸運地擁有不會欺騙他的善良子民，馴良溫順、親切、反應迅速敏捷、做任何事都是出於自願……我們從羅馬尼亞導演安德烈・烏吉卡（Andrei Ujica）所拍攝的紀錄片《尼古拉・西奧塞古自傳》（*Autobiographie de Nicolae Ceausescu*）裡面，可找到當年羅馬尼亞獨裁者正式訪問北韓時的場景。西奧塞古已堪稱是好大喜功、講究盛大排場的能手，但他看到金日成所指揮四面八方、整齊劃一的浩大場面時，也只能目瞪口呆，自嘆不如。打從一到機場，成千上萬的人民瘋狂地揮舞國旗，高呼著他的名字夾道歡迎，盛大的閱兵儀式中，隊伍以踢正步行進，體操運動員動作整齊劃一所排成的真實畫面，都讓羅馬尼亞貴賓當場驚艷得說不出話來。北韓人民打從一出生就被迫接受許多官方宣傳，求學時期更被大量灌輸許多概念，在合作社及軍營中反覆宣揚理念（北韓人得服十年兵役），眼睛所見盡是領袖玉照馬賽克畫和海報（其他圖像一律禁止），各式宣傳手法讓北韓人民活像是從一個大型樂高的模子中生產出來，簡直就是將朝鮮民主主義人民共和國放進一部真人實境的科幻小說中。時至今日，領導階層繼承人仍舊為了他們的利益，為了他們的榮耀，持續寫下後續篇章。金正日萬歲！

然而，再強悍的強勢領導人總是有脆弱的時候。現代集團創辦人鄭周永向來對促進兩韓關係更進一步不遺餘力。金正日與他會面時，這位末代導師倒是向鄭周永吐露他總是睡不好的隱情。老是作同一個惡夢，讓他渾身是汗、心神不寧地驚醒。金正日夢到在自己的皇宮內遭人圍捕，在走廊上陷入絕境，被人推倒在地，遭受一群人粗暴對待，還猛力踩踏他的身體，讓他肚子破得像羊皮袋，他的子民無人願意出手相救幾近垂死邊緣的他，他最後因此喪生。這種消息難道不會對「完美金頭腦」造成任何衝擊？

☀

我們已經花了一個小時兜兜轉轉只為找這間佛寺。車子搖來晃去，所經之路也不再是柏油路面和水泥路面，而是充滿小石子的碎石路，還布滿一堆泥窪坑。沒有人確定方向，這條路說不定會突然間消失，像水蒸氣一般蒸發不見。路徑莫名奇妙地像碎片般無法連貫，哎呀，居然漏了兩百公尺的路沒鋪好銜接上原本的道路……

我們這一行人究竟要到何時才會承認自己迷失了方向，好好靜下心來重新研究找尋正確的道路？白色包心菜身處在黃色花椰菜的國度，還真是白搭！路上沒有任何指引釋王寺的指標，我們手中也沒有公路地圖——一般民眾是無權擁有地圖的。完全沒有能抵達這座該死遺跡的跡象！也沒有任何「動搖階級」的民眾願意為我們指引方向。這些農民驚惶失措；更糟的是，我們讓他們知道他們自己有多驚慌。他們互相推拖，已經忘了我們問的問題，把我們的出現當成錯覺，這對他們來說會是比較謹慎安全的做法。

可以確信的是，要是有別人問起，他們肯定會回答從未在碎石路上看到或聽到外人出現。這很正常，畢竟如果沒有主管機關許可，他們無權離開自己居住的地區（郡縣）。這裡的百姓都已經面臨肚子填不飽的窘境，我們又怎麼能要求他們指引我們抵達另一側山坡上的僧人墓地？車子停在他們跟前，他們也只能繼續往前走，或是繼續低頭挖著地面只見零星散落灰黑野草的大片乾硬田地。佛教寶塔？歷史遺跡？長滿青苔的階梯？他們只會一邊小聲嘟噥說著我們聽不懂的話，一邊轉過身去，根本就不會回答我們的問題，因為只要一和我們說話，就是麻煩的開始。黨紀委員會、國安單位、國家安全保衛部及安全部，全都會找上門來。職業告密者和鄰居都會背叛他們。哪些話該說？哪些話不該說？在深山之中被枝枒彎折的松林所環繞的宗教聖地？聽起來就是沒有稻田的地方？今晚還得再接受兩小時的阿里郎舞蹈訓練，或是懷抱戒慎恐懼的心情加入代表團，在「崇高政治領導人」畫像之下獻花以表敬意？比起為我們指引方向到達更美麗的世界，這些窮人還有其他事要做。只要犯一個小錯，一家老小都可能會進勞改集中營，永世不得翻身。

根據南韓及國際特赦組織資料顯示，北韓境內有六處「再教育及改造中心」及「完全控制區」，共監禁十五萬人到二十萬人。一旦身陷通電柵欄及監視瞭望台後，每天得在工作坊賣命十五個小時，因為各種名目遭到毒打和虐待。這種情況大概只比亡靈及倖存者的遭遇好一些，但際遇肯定比癩痢狗來得差。

同樣都姓金，但居住在都市、陪同我們的「核心人士」金先生們，對這些鄉野的「動搖階級」的金先生們可說十分不滿。這些核心階級的金先生們佩戴著罹患甲狀腺腫大的祖父級領導人頭像的徽章（這點迷你裝飾可以累積一些功績），有汽油可用，一手拿著手機，一手拎著假皮公事包，口袋裡還放了有存根聯的記事單據本，隨身帶著用橡皮筋捆成一束的一大疊韓圜，車上還有兩個白人在後座搖頭晃腦。他們有權打聽情報，不是嗎？未必。因此，在漫天沙塵中，我們在這些圓鈍的臉龐前面，放棄了原本的行程，轉而前往參觀合作社。趕緊進行下一個行程看起來保險些！至少我們知道怎麼去那裡，而且那裡觀光客不多。沿途在車窗外總是會看到被當局挑選出來的人民代表哼唱著頌歌：

沿著白頭山，
有幾道血痕。
沿著鴨綠江河谷，
有幾道血痕。
時至今日依舊存在，
在朝鮮解放的花束上
形成榮耀的軌跡。
喔！喔！我們的將軍
金日成將軍。

很多事情總是要自成理由。

離元山幾公里處有間泉三合作社，社方人員辛女士已得知我們即將到訪，在修剪平整的廣闊草坪上恭候我們大駕光臨。會議廳的門一關上，她便非常驕傲地宣布當地合作社的成績：一千五百位居民，八百四十三位耕種者，稻米每年可收割一次，一公頃的產量約五公噸（相較之下，越南的收成次數可達四次），另外還有不知如何栽種的馬鈴薯和玉米。告示牌上的預測數字看起來不是那麼樂觀，肥料短缺，即便是外表看起來很像古董的曳引機，也變得十分珍貴。幾乎沒有任何機械化設備，也看不到什麼動物，全都是用最古老傳統的方式在耕種。大量的人力投入農事，犁是最主要的工具，肥料則是人類的排泄物。即便事實擺在眼前，這位女士還是可以端出僵硬的笑容大吹牛皮。

我們移動腳步四處看看，導遊們則是緊緊跟隨，有如幾隻忠心耿耿的狗，說是警犬或許還更為貼切。上百間民宅以勉強算得上有秩序的方式散落在稻田旁，幾棟較高的建築物還有上漆。放眼望去，大約有十個人走在泥土會黏住鞋底的泥濘路上。還有一些軍人，身形僵直、神情疲憊地靠著牆壁，手上拿的是鐵鍬而非槍枝。

「假如大家無法達到目標，你們會如何處理？」

「我們會要求大家加倍努力，夜間也要工作。我會接上擴音器對大家精神喊話，直到半夜兩點。」

任何人說話時都必須拉高音量才能被聽到，因為到處都是擴音器發出的劈啪聲響。在這種情況下很難交談，一般民眾看起來是不想再聽任何訓話了。

情況真的會好轉嗎？

他們再三向我們保證這裡一切安好，但我們明明就看到診所裡沒半個人，連護理人員和醫師都沒有（「他們去城裡了，因為這裡所有人都很健康。」）。店裡的貨架上擺著零星的商品，理髮廳也等不到客人上門（裡頭的雇員提供按摩服務，一看到我們就低頭摀嘴竊笑），置物架上的顯眼處放著幾袋糖果，這些每包一公斤裝要價五歐元的糖果，是用來贈送給「在教室等候各位大駕光臨的小學生們」，我們不是不知感恩的人，也不是卑鄙的中產階級。我極力堅持去一趟電影院，但因為開演的鈴聲已響起，加上有三個穿得怪模怪樣的窮人帶著惡狠狠的眼光也要進去看這部電影，電影情節就像海報所呈現的那樣，一位韓國女性被一群邪惡野蠻的日本兵囚禁的遭遇，所以我沒有權利也沒有興致看電影（我相信出了這扇門，整個北韓沒有所謂的電影，也不存在電影院。所謂的電影院只是舞台的牆面，舞台有扇門，門後就是泥濘的荒野）。接著，我們就應該帶著糖果前往學校。另一位穿著方領上衣的「導遊」加入我們原本已有一位司機、兩位金先生、一位女士的隨扈群。便衣警察聽著大夥彼此交談也不會覺得不好意思，我倒是有種被一堆機器人圍繞的感覺，他們的背上早就都安裝了啟動鑰匙。

不過學校看起來卻沒開的樣子。大概又是騙人的意外！他們怎麼可能不知道我們要來參觀？隔著柵欄，我們看到前面有幾個彩繪木頭動物彈簧搖椅，刻意擺放出來讓人感覺像是一個圈套——我認出青蛙、牛，特殊造型的小象，但認不出最後一個是什麼動物。學童可能等得不耐煩就離開了，也或許孩子只存在這個理想村落的假想之中。女士留著糖果等著孩子們，說好了孩子們回來時給他們（但在上學日的下午四點，他們會在哪裡呢？），她說話算話，我們相信她。導遊相當認真為我們翻譯，也許在我們離開之後，她再把這幾包糖果拿回去店家退錢。每次只要有訪客來，她就演出一次相同的戲碼，這幾包糖果應該也在這裡來來回回五年了。我們困在一堆破舊的房子之間停滯不前，恐怕是長期以來許多人的經驗。

我們有機會參觀她的住家，據說她家可是當地的模範住宅之一。她在後院整理了一個菜園，房子有三個房間，裡頭有稻草編成的草蓆、鍋碗瓢盆、兩條螢光橘色的被子、一台電視，牆上有張委員長的黑白照。照片中，委員長坐著，群眾站著，偉大的領導人張開大而厚實的雙手，他們則因為驚恐而張大了嘴，雙臂緊貼在身側，像根枯木，身形佝僂，眼睛瞇起來像是鉛筆畫成一條線。

「當『他』一九六九年參觀這裡時，『他』跟我們說了一些重要的事，當時我只有六歲，他說的一字一句我都記在心裡。所有村莊和附近地區的人都來到這裡向他致意。『他』緊握我父親的雙手，這真是值得慶賀的時刻，我們簡直不敢相信可以這麼近距離看到他本人。他就從車子下來，『他』的身形如此高大，頭戴白帽，一身正式的西裝。」她以平板的音調向我們描述了當時發生的情形。

克洛漢和我極力忍住笑意。吹牛這招真不管用！不論我們兩人分別穿著Church名牌皮鞋或Converse帆布運動鞋的腳走到哪裡，所到之處都得聆聽這些人民不厭其煩向我們解釋領導人到訪次數、到訪日期、到訪的契機，在當場下了哪些指令，在何種情況下激勵大家。在這裡也不例外，領導人的話語也同樣被刻在石碑上。四十多年來，這個地區飽受折磨，因此金日成鼓勵這兒的合作社多種些柿子。他站在一棵因結實累累而枝椏彎曲的果樹前，詢問村長：

「這些枝椏上有多少顆柿子？」

「大約五百顆，主席同志。」

在檢視果樹簇葉的情形之後，令人敬畏的主席先生相當有自信地糾正他：「我認為有八百顆……」

農民再次確認，枝椏上總共有八百零三顆柿子。他靈光乍現的一句話就這樣深深烙印在眾人的腦海裡。對這位無所不知的男人而言，這不過是小事一樁。

☀

平壤本來就是一個「多產」的國家，在彷彿公開透明的表象之後，私下卻不斷逐漸擴張。這個王國擁有豐沛的礦產資源（鐵、煤、菱鎂礦、石墨等），透過非法管道來貯存必需品，還將炸彈販賣至非洲及中東。其他的販售品還包括傳統武器、化學武器及生化武器等，品項範圍頗大。同樣地，北韓完全無視聯合國安理會一八七四號決議，歷經重重困難，發射運載衛星的火箭銀河一號[7]，和仿蘇聯飛毛腿飛彈的洲際導彈以及觀測衛星大浦洞三號，這些武裝測試的作用在於驗收軍事裝備。北韓同時也接收了以色列於二〇〇七年破壞的敘利亞代爾祖爾（Dair Alzour）核子反應爐；伊朗認為北韓是區域盟友，並向北韓購買「敏感」原料。若有必要，這個紅色王國還會派遣專家團隊前往協助。然而，被派往利比亞的北韓代表團卻無法回到家鄉，平壤方面拒絕他們返

7 二〇一二年四月，第三次試射再次失敗。

鄉的理由是：他們已經受到阿拉伯之春革命風潮的影響。

總之，北韓持續做出一些令人無法容忍的事。北韓的武力操作模式分成兩階段：威嚇與脅迫。簡單說就是：「別碰我，別想踩在我頭上，別把我逼到絕境，一旦我渴求卻又絕望的時候，我將充滿敵意地攻擊別人，我就是有這個本事讓所有人身處絕境。」北韓時常進行彈道測試，令外界十分困擾。二〇〇六年及二〇〇九年利用鈽物質進行核武試爆，警告外界的意味相當濃厚。他們對於核武仍舊一知半解，但是已足以讓外界心生警惕，畢竟他們擁有大量的鈾，能夠進行第三次試爆。簡單地說，金氏王朝的領導人竭盡全力讓北韓躋身為核武強權大國。

不論是在首爾有駐軍的美國，還是曾在韓國殖民的日本，這兩個國家都不太清楚如何與這位心思複雜、搖擺不定的鄰居相處。北韓定期向他們恐嚇將採取「火海」攻勢，美日的因應之道則根據當局策略而定，不是採取圍堵政策，就是繞道而行，可說是自緩和政策到恫嚇手段不一而足。許多行動的著眼點在於利益交換：二〇〇九年北韓曾強行驅逐國際原子能總署調查員，但最近又讓他們回到北韓，並且中斷鈾原料儲備及中止飛彈試射計畫，或是廢止位於寧邊由前蘇聯興建的原子能研究中心的核子設施，以交換幾十萬噸的糧食援助。

然而，北韓十分神祕難解，而且常常出爾反爾，毫無誠信可言。金氏家族完全照一己所願解釋所有事物，也是照一己所願隱藏所有事物。沒有當場人贓俱獲的都不算數！針對北韓是否極度危險這個問題，意見眾說紛紜，大規模的攻擊會造成他們更大的反擊，甚至是毀滅。金氏王朝不計代價，邪惡瘋狂地追求統治權，外界只能將希望寄託在北韓內部勢力自行崩解——這條路可說是艱辛漫長。

在一九九八至二〇〇八年和解政策（陽光政策）之後，南韓態度轉趨強硬，採取不包容態度。南韓總統李明博被冠上「叛徒」之名，始終與金氏王朝敵對，因此北韓常常威脅將以「革命性武力特殊行動」毀滅南韓。北韓還曾經成立一支特遣部隊，專門對付南韓總統官邸所在的青瓦台。過去南韓為了平息北境衝突，曾經無條件提供北韓補助金及必需品補給的時代，也在此時畫下句點。

即便是在中國政府投資的北韓經濟特區——開城工業區，上百家南韓企業雇用了五萬名半奴隸狀態的工人，在和平協議尚未簽署的前提下，南韓還是得面對他的兄弟敵邦。出自於防衛本能，南韓維持七十萬名士兵及四百五十萬名備役軍人。停戰，顯然不是衝突的終點！然而，南韓的顧慮也十分矛盾：一旦邊界開放，南韓就得接收兩千四百萬名自有如現代版的中古世紀監獄裡逃往南韓的北韓人，就像當年西德接受東德的移民一般。這其中牽涉的成本會有多高？初估是上千億歐元的規模。基於這項推論，首爾方面要求北韓人不得前往南韓，兩韓必須遵守領土分離的現狀。也就是說，統一當然是眾所期待，但大家得各自待在自己的領土裡。這算什麼統一？這項限制不禁讓人想問，南韓究竟在猶豫些什麼？

自此之後，南韓在援助上設定條件，例如裁減軍備以及遲遲未發生的經濟改革，但這種做法並沒有太大成效，反而招致更多挑釁！雖然手法有點過時，南韓主戰派在寒冷的冬季於停戰線後方施放上千顆氣球，裡頭裝有毛襪及反平壤當局傳單。這項挑釁行為讓南韓陷入困境，可說是徹底冒犯及激怒了金氏王朝的子民們！

另外，假若俄國親近北韓是為了鞏固（天然氣）利益，歐洲則選擇保持距離。一九九五年至二〇〇八年間，歐盟曾經同意提供北韓相當於三億八千萬歐元的人道糧食援助，但後來又暫緩執行。法國曾經贊助該項計畫，即便法國並未在北韓設立正式的駐外代表處，但巴黎方面仍想在北韓成立一個小型的文化交流辦事處，並試圖履行開城工業區的考古合作計畫……至於中國則向來與北韓維持錯綜複雜的聯盟關係；中國藉由「援助」及經濟上的夥伴關係（對中國貿易占了北韓對外貿易總額百分之八十三），趁機嘗試鼓勵北韓開始建立企業私有民營化。這樣的做法與北韓領導人的口味不對盤，他們單方面要權錢一把抓，又要限制對方的一切，當然不可以讓某個階級，也就是中產階級，有致富的機會，絕不允許他們阻礙整體的大躍進！

即便二〇〇二年的首次協議賦予中國開發北韓部分經濟特區的權利（之後卻於二〇〇九年緊急喊停），並開放區域市場，但北朝鮮政黨及軍隊仍是掌控主導大權。就策略性觀點而言，北京方面是以有色眼光來看待南北韓統一大業；畢竟，經過一番動盪之後，中國必須面對的是一個超級民族主義的統一韓國——親美、接受美國資金援助，勢必走向經濟自由主義，並且一心想著報復。屆時，中國勢必將失去部分影響力。在這個關鍵時刻，中國一定不會輕易「鬆手」，對這個操弄人民幣及挑戰其敏感神經和耐心的盟友棄之不顧。

事實上，金氏家族很懂得如何從這種不確定的局勢及諸多卑鄙無恥的行徑中獲得好處。但矛盾的是，北韓人民卻是這個邪惡、不正常政權的首要受害者。北韓人民所效忠的政府卻不斷欺壓他們長達幾個世代。聯合國多次對他們的內部狀況提出警訊。二〇〇八年人權委員會要求北韓遵守決議書內容，不得陽奉陰違。聯合國揭露了北韓政府違反基本人權，箝制思想及意見表達自由，限制人民在國境內自由遷徙的權利，同時對諸如身障等特定族群有不當的對待及歧視。

一般認為，北韓一貧如洗的情況有如納粹德國的翻版，而且情況從未改變。更糟的是，二〇一一年的衛星影像顯示集中營有擴大的趨勢，最大型的集中營占地廣大，長五十公里，寬四十公里，多達五萬人被監禁於此，外界無從得知裡頭的情況或任何恐怖情事。有誰驚惶不安提出警訊？在防禦工事之下，這個「擁有平靜早晨的國度」持續進行著令人憎惡的統治。西方國家保持沉默，北韓統治者不斷洗腦，讓人民十分厭倦，鐵腕統治虐待人民，讓人民身處水深火熱之中。在勞改營中吊死冥頑不靈的異議分子，將石頭塞入喉嚨深處，以確保在最後時刻他們不會大聲喊叫，表現出痛苦的情緒。

☀

「一個人八十歐元，兩個人一百六十歐元，繳錢咱們就開放這座陵寢給兩位參觀，裡頭的壁畫算得上是曠世鉅作哩。」

我們一聽到這個價位可真是大驚失色，畢竟我們可是長途跋涉，開了至少一百公里來到此地參觀這座陵寢……只是行前沒有人知道門票金額是天價。

「不繳錢就別下車了，我會通知平壤當局。」

「可是你們沒跟我們說明價格，光是進場參觀就要一百六十歐元，這有點瘋狂。」

「只收歐元現金。」

這是座高約二十公尺、長滿草的拱墩，就像是在一片凹陷地表上隆起的胸部，周圍一片荒蕪。在拱墩底部，一塊石碑說明這個地點曾於金氏王朝紀年九十三年，也就是西元二〇〇四年被聯合國教科文組織列入世界遺產。松樹圍繞在拱墩周圍，三棵槭樹散發出沉靜的氣息。光禿禿的平原向四面八方展開，直到遠處西方的山腳下。陽光頗為強烈，目前是午後一點，氣溫二十五度，除了我們之外，這片長期受苦受難的土地上別無其他訪客。

「您說這是哪位皇帝的陵寢？」

「四世紀榮耀的統治者安岳王（Anak）。」

我曾經是漫畫愛好者，這個名字讓我想起傑克·馬汀（Jacques Martin）的作品，內容在描述羅馬帝國時期，伊納克（Enak，身著藍色長袍，頂著黑色劉海，膚色黝黑）和不屈不撓、具有一半高盧血統的勇士艾力克斯（Alix，身著紅色長袍，一頭金髮，膚色白皙）是一同冒險的夥伴。但理性說來，二者並無關連……

警衛的房子布置成接待處，牆上掛的十二張大型照片大致說明了外人無法進入的陵寢內部的情況：以榫接工法建造的屋頂，頂部有裝飾的方柱，以及褪色的壁畫。所以，這裡面根本就是個已被吞沒的世界。

我們一行人決定先在當地吃午餐，之後再繼續沿著小路往另一個方向再走三十多公里。路途中，人和車都要受到不少磨難，接著駛進凹凸不平的次級道路，最後才接上國道高速公路。無所謂，我們每個人看起來都像白痴一樣。「他們在每個景點入口都想占我們便宜，之後再平分這些錢，分明就是設計好的。和之前的淤泥浴是一模一樣的情形，不然為什麼他們會如此堅持？」「大家把原則講清楚，我們不接受這種敲詐勒索。絕對不買單。」

他們和我們一樣氣惱，畢竟他們平白損失一大筆進帳，我們則是無法參觀景點。我們與導遊團成員以亞洲慣有的跪坐方式圍成一圈共食，兩位導遊金先生直言不諱地透露物資供給的情形吃緊。警衛也加入我們，我們在棕色松樹針葉鋪成的地毯上，高舉啤酒杯乾杯，拿著筷子，嚥下不變的菜色韓國泡菜，平分六隻已經肢解的雞翅，幾片硬邦邦的馬鈴薯，吃著吃著彷彿也忘卻了一些小煩惱。金先生在席間說出了真心話，提到雖然很少會碰到這樣的機會，但只要他隨著官員出國訪問，一出北韓國門就會因為吃得太好或食物太油而身體不適。他們的腸胃無法習慣外國飲食，隨著代表團成員出訪總會大吃大喝，只不過這回倒是沒有類似的風險。

戴著鴨舌帽的警衛膽怯地承認：「我可是生平第一次和白人一起吃飯。」

我透過金先生回應道：「我是第一次在皇帝的背後吃飯。」

所有人都在傻笑，因為我的笑話還蠻有新意的。飯後每個人都離席各自抽菸及打嗝，眼神空洞，嘴裡叼著牙籤，在炎熱的午後陷入沉思。

有如被遺棄在草地上的雷諾瓦畫作人物一般，克洛漢坐到樹蔭下，右手擱在下巴上，繼續啃著拉爾伯於一九二七年出版的作品《羅馬的顏色》（*Aux couleurs de Rome*）。我繞著神祕的圓形陵寢走，有個石塊洩露出該處是陵寢入口。我大可趁著當下無人看管，推開大門沿著樓梯走下去參觀陵墓……但冥冥中有些力量讓我沒有真的這麼做，我的行動變得有些遲緩。空氣相當炙熱嗆人。我感覺像是被麻醉了一般，側躺在稍嫌溫熱的樹蔭下，準備睡個午覺。是的，這正是我應該要做的，把土堆當成大枕頭，躺在上面小睡一番。這麼做褻瀆了皇帝嗎？一點也不，我覺得這個君主瘦弱得跟一塊老掉的威化餅一樣，他不會因為我這樣就生氣的，他已經變得沒什麼脾氣了。我率性地放下包包和隨身攜帶的小說《瑪地》，忘卻（那段該死的路途所造成的）腰痛纏身，先將石墓陵寢的憂傷思緒放在一旁用心傾聽，我是否聽到留著烏黑秀髮的妻妾，或是排成一列、活像一群鉛製小雕像的年輕侍從，自陵寢內部發出竊竊私語的聲音？

周遭的蟋蟀頑固執拗地發出唧唧叫聲。大地呼吸吐納著。每棵樹木都像是樹林之肺，樹葉隨風慢慢搖曳。原野揚起一陣塵埃，沒有東西從遠處那時而平靜、時而晃動的地平線朝我而來：沒有偷偷逃亡的矮人躲在我們的皮箱裡，沒有裡面裝有連指手套及毛襪的氣球朝我飛來，沒有人打開傳單，沒有飛機在天空中留下一道長長的凝結尾，天空中也沒有鳥類飛行，早在很久之前鳥兒們就被飢餓的人民設下陷阱抓光來填肚子了……從來沒有人被步步進逼到這個地步，我是失落圓形山頂上的船難生還者，遭光禿禿的地表大海包圍。西邊幾朵嬌弱的雲有點像是靜止不動的飛機，包圍著更小朵的玫瑰色雲朵；玫瑰色雲朵像是包含了引信一般，有點像寶石。

我的北韓生活，現在幾點了？

南浦市的旅館是由步兵團監管，依慣例車輛得停在阻車閘前，好讓警衛檢查我們的證件及通行許可證。車輛穿過閘門時，我突然感到焦慮不安，難道他們看穿了我的計謀？我們會被帶到軍營裡訊問嗎？

「這就是我們落腳的旅館？看起來可真不像。」

「這是給軍團幹部住宿的行館。」

在刺槐林之中可以看到幾幢木屋別墅零星分布在花壇之間，整體氛圍讓人有置身瑞士之感。停車場裡有七輛車，其中也有賓士車，這情況看來的確不太尋常。有這麼多人？是來參加婚禮嗎？還是有其他的觀光客到訪？金先生向我們說明黨中有功績的官員及幾位高官顯要攜家帶眷在這兒度假，豪華客房按摩浴缸裡的水是接自這裡的山泉水。我看到一位身著厚重運動衫的先生，旁邊有妻子陪同，兩人一前一後沒精打采地朝著網球場及桌球室的方向走去。兩位金先生身著雪亮的制服上衣（材質當然是維尼綸），動也不動地坐在長凳上，面向太陽，身邊放著金屬頭手杖，眼睛望向冒芽的草坪。他們的肌膚乾癟多皺紋，神情嚴肅專注，不時顯露出疲憊。什麼事情讓他們疲倦不已？是因為恐懼？還是一個將他們攪碎也攪碎他人的國家體系所致？

裡面大廳的裝飾是一成不變的白頭山壁畫，和其他地方一樣空虛冷清。餐廳的空間很大，牆面是淡綠色，天花板上印著凹凸花紋，三座冰箱緊臨著透明隔板發出轟鳴。置身其中感覺可真像過耶誕節：餐廳備有香檳酒、中國酒、干邑白蘭地，以及成打的嘉士柏啤酒。我們可以自行取用，並一個個輪流由女侍在吧檯結帳。桌上鋪有桌巾，備有餐巾布，椅子上罩著椅罩，空調持續運轉頗具音響效果。長約三十公尺的凸窗面朝一片柳樹成蔭的林中空地、一片草坪坡地，以及一個橢圓形的盆地。看來就只缺波摩納女神（Pomona）[8]石膏像跟常春藤了。

我們看到四名英國人，或許是澳洲人也說不定，穿著相當體面，腋下夾著文件，很明顯正在做商務旅行，與他們的導遊同坐。這群人完全沒有要和我們交談的意思，顯得不在乎（或是猜疑）我們的存在，我們也是用相同的態度看待他們。對於我們在北韓境內旅遊，他們或許覺得有些見不得人，而對於他們和北韓政府做生意，我們也覺得有些骯髒不入流。究竟誰比較犬儒主義？這種彼此臆測打啞謎的對話，算了，我們還是就此打住吧……

在這群人後方，另一位金先生帶著妻子和十六歲的孩子向服務生點菜及檸檬水。他們的要求可多了。滿臉青春痘的女兒把服務生送來的一碗湯退回去，因為她認為不夠燙。母親小口吃完碗裡的泡菜，父親則有些遲疑，大聲講著該點什麼好，在瀏覽菜單之後又選擇了其他菜色，因為還有另一個菜單可以選擇別的菜。即便身著便裝，他的檸檬色慢跑服還是鑲著藍條紋，三條溼潤的髮絲從一邊耳朵滑到另一邊。將軍走到哪裡都還是將軍！

我們坐下來是為了喝杯酒，再一杯酒。服務生將茶碟端到我們面前，摸起來還溫溫的，分量也剛好，配著剛解凍的土司麵包，熱茶可以無限續杯。來吃一點肉吧，但是沒人知道這是哪種動物的肉，也不清楚產地。我們還有多餘

8 古羅馬神話中職掌森林的女神，也負責植物的栽培與生產。

的炸薯條可吃，黨對大夥兒可真不錯！但是旅館大廳還是沒有網路（我已經與外界隔絕長達六或七天了，我渴望知道一些巴黎的消息），房間裡也沒水。晚間七點半，所有賓客從走道各自離開準備上床就寢時，我和克洛漢帶著幾瓶啤酒回到下榻的木屋別墅，裡頭有兩間特大的房間，地上鋪有綠色地毯。

外頭冰冷黝黑的灌木叢，就像一道沒有任何光線能將其推倒的高牆。在沒有手電筒的情況下，我根本無法辨認網球場及花壇的輪廓，只聽得到林中樹葉隨風搖曳的簌簌聲響。在房間裡聽不到擴音器播出的內容，這些佃農目前身處何處？

房間裡沒有電視和收音機，只有一張鑲著鏡子的大床和按摩浴缸，讓整個房間看起來像間妓院。忽然間，牆上傳來一陣水流通過管線的咕嚕聲，把我從神遊之中拉回現實。水來了！我趕緊放滿浴缸裡的水。我只想藉由泡澡度過今夜，就像將憂傷淹沒一般。在充滿水流聲和混亂思緒的沉寂之中，我在浴缸的邊欄上放上一瓶啤酒，浸泡在浴缸中翻讀書頁放鬆心情，下定決心要好好沉浸在馬歇勒・提希的詩作中：「你因溫哥華之名而失去光彩／但你所擁有的只是一場平凡的旅行／你沒見到綠色的大鸚鵡／也沒看到靛藍色的河川及原野美景……」

我的腳趾頭規律地在熱水水龍頭底下伸展活動。我在溫暖的水裡已經悠遊了一小時，一會兒打瞌睡，一會兒作白日夢，時間慢慢在裸露燈泡下流逝……由於浴缸又大又深，而且也沒有女祕書會來為我擦背，我便憋氣沉入水裡，在水裡呼出幾個氣泡，同時稍微伸展一下四肢。「讓我們在沉思的房裡熟睡／在只待一個下午的旅館中／微藍的天花板，遙遠的海邊，天堂的景象……」

此時文集突然從浴缸邊緣滑進水裡，整本書浸泡在水裡足足有一刻鐘之久，我拎起散開的書頁順勢抓起整本書，上頭還有液體淌過的痕跡，整本書溼黏黏的，每一頁的文字都變得難以辨識。當時我也不知道該怎麼辦，心想也不過只是一本小小的口袋書，算了，心一橫就隨手扔在藤編垃圾簍裡。

隔天清晨六點半我就起床了。我想出門閒逛，實在不想一直待在室內；我應該要四處張望打聽，像個警探一樣觀察事情進展。假若我聽見自己的心聲，應該要在早餐前沿著稻田的田畦慢跑，或是和照顧花園的園丁、守夜警衛，以及失眠的上校進行一場乒乓球賽……在克難地梳洗完畢後，房間又再度停水，還好我有事先儲備一桶自來水。我沿著木屋別墅的階梯往下走，在入口處發現一個人臉朝著牆壁平躺在地板上，身上還穿著衣服和鞋子。我定神一看，發現是昨天遇見的澳洲人之一。他死了嗎？還是受傷了？我推推他的腳。不，他還打著鼾，顯然只是醉倒了。我小心翼翼地跨過他準備出門，正要推開門時卻發現我們的木屋別墅居然被上鎖。我猛撞大門，之後也沒多想，便打開鋁門窗鎖，沿著軌道拉開窗戶，縱身跳進寂靜的花園中。

早晨的天空看來一片死白。漫步於巷弄之中，四周看起來就像是廣告草圖一般朦朦朧朧。不知隱藏在哪的擴音器一大清早就從樹叢間播送音樂迎接我，彷彿是我重新開啟擴音器的開關一般。藍色小精靈村裡還沒有人出來活動呢，這些有頭有臉的黨政高官還在床上酣睡或是調戲他們的祕書。距柵欄後方百步之遙處有個崗哨，哨兵身上還背著槍；崗哨之後則是一望無際的稻田……我還得等上一個小時才能進餐廳喝一杯溫水，並且吞下一顆顏色奇怪的雞蛋。

我們準備出發前往下一個景點。今天三位金導遊的心情都不錯，看起來十分爽朗愉悅，但他們的頭髮似乎不太整齊。他們趁著昨晚的大好良機喝了不少米酒，也顯然從這趟旅程中獲得好處，因為後車廂裡多了四箱出發時沒有的紙箱，已經用膠帶妥善封好。就在車輛即將通過閘門時，電話突然響起。一開始金先生二號與對方交談許久，之後帶著些許不安，似乎事情進展令他有些驚訝，於是他把電話遞給另一位金先生，並交代車子停靠在地勢較低之處，隨後還調頭行駛。他的瀏海掛在額頭上，回頭朝著我微笑詢問：

「先生，您住一二四號房嗎？」

「是的。」

「為什麼垃圾桶裡會有一本書？」

「書滑到水裡，已經沒辦法……」

在我們離開飯店之前，飯店人員早已翻遍我的房間，消息也很快向上呈報，從負責該層樓的女性服務人員及主管，到陪伴我的天使導遊們：兩名法國訪客之一（故意？）將一本詩集丟進浴室垃圾桶裡（或許裡頭藏有密碼，從詩句中可推斷出一些公式）。為什麼他們會如此大驚小怪？對他們而言，這樣的行為很反常，因為在北韓購買任何書籍都必須花上大把銀子，而且這本書在北韓是無法通過審核的（但究竟是什麼樣的書籍才會通過官方審核？）。想像一下如果這棟旅館的老闆是北韓政權的重要人物，成為此事的幫凶，這會讓大家都陷入難以脫困的麻煩絕境。

「尚先生，您並未通報此事？」

「我沒辦法讀那本書了，書頁都已經……」

「既然如此，他們會將那本書銷毀。」

向對方做出指示後，我們的導遊掛上電話，車子重新啟動。他非常滿意自己的臨場反應，同時也保護了我。我在想他是否看過楚浮（François Truffau）的《華氏四五一度》（*Fahrenheit 451*）？這部電影是改編自雷．布萊伯利（Ray Bradbury）的科幻小說，描述一個壓制自由的世界中，消防隊員的工作不是滅火，而是焚書，因為政府認為書籍只會讓讀者更加「悲傷和反社會」。不過我猜他完全沒看過這部電影。西元二〇一一年，金先生絲毫沒有察覺自己是活在這樣的政權裡。

然而，由於在北韓幾乎所有事物都會被主體思想化，或是將被主體思想化，主體思想最後會形成什麼東西？這是個深不可測、難以理解的問題，因為主體思想的意涵大於主體思想本身，它是每個微小原子的始與終，是萬事萬物的源頭，也是無法達成的境地，不斷循環新生。至於個人，個人只不過是條微不足道的可憐蟲。唯有主體思想才能提供濃稠芬芳的蜂蜜和歡欣雀躍的和諧。

我們來回顧一下所知加諸於所有北韓人民的玄虛理論。受馬克斯—列寧主義啟發的主體思想可說是共產主義的化身，當中還混合了儒家思想，自我局限於區域的一角。它提倡一個沒有階級之分的平等社會，無神論，經濟自給自足、軍事自主以及政治獨立是其基本原則。但事實上，它內藏著獨裁與激進的國族主義，以及可怕的宣傳機器。在這個中央集權力強的封閉社會裡，北韓人就是全人類的象徵——即便北韓人民對於「純種」有著奇怪的執著。一旦徹底受到主體思想化，人民便成為自己的主人，得以重獲新生，因為他們將理解「面對寰宇的立場定位」。保證萬無一失。

闡述這種教條的藍皮小書到處都有販售，一本要價一歐元。我參閱了三到四本，以下是這個哲學的幾項原則，人民得不斷複誦以說服自己：

「人類是世界上最強大的生物，也是唯一有能力改變世界的生物。」

「群眾形成社會的歷史。」

「人性的歷史，就是群眾鬥爭的歷史。」

「首要之務在於改造意識形態。」

這場大規模的鬥爭顯然由最睿智的金氏家族領導：父親、兒子、孫子一脈相承，這個獨裁家族自一九四八年起便掌權至今。這是血脈相傳的權力，任誰也無法改變這個由血統純正的家族所主宰的王朝。只有他們才知道國家發展的正確方向。他們是何等英明聖主啊！唯有他們盡心盡力為人民謀福祉，更進一步來說，也是為人性的美好而努力。他們是進步的引領者、狡詐機靈的兵法家、社會的動力、人民的守護神。因此，即便他們革命辯證的立基點是建立在與他人的衝突上（他人指的是南韓人、美國人、日本人、聯合國、資本……等），但他們有時也會考慮停戰以增進大眾福祉。所以照這樣說來，金氏家族應該要永續執政堅持到底，好讓這個世界總有一天所有的事物都變得更加美好，大家應該要對他們的領導有信心。

北韓人民居然輕易相信這種說法。或者正確地說，在三個世代或四個世代之後，他們裝作如此相信這種說法，以至於最後可能有一半人努力說服自己相信，另外一半則是害怕被密報而假裝相信。出生於五〇、六〇及七〇年代的一般北韓人，除了被灌輸的思想之外是否還知道其他事物？各個省分及城市之間鮮少接觸往來，你得持有「通行許可」才能在國內移動，以及「出境簽證」才能離開國境！兩千四百萬的人民如同潛水員般，潛入深深的湖底，身陷泥淖之中動彈不得，只能期待可以不時探出頭呼吸一口空氣，就算空氣已受汙染也好。幾十年來，北韓人民被編排入遍及所有小村落及稻田的綿密官方資訊網。他們還必須收聽愚民的黨營電台讓人聽了就頭痛的廣播，和收看頻道固定的電視節目，最後終於毫無招架之力接受了這種集體催眠……

然而，自中國邊境流入的物資以及科技發展，已經打破完美的假象。進入北韓的除了必然的食物和製造業的產品之外，同時在世界其他市場可以輕易找到只賣三歐元的收音機、錄音帶、CD播放器、USB隨身碟，以及手機等產品也開始出現在北韓境內。為了掩飾積弱不振的貿易制度，幾千位扮演兩國貿易中介橋梁的北韓商人擁有破格的特權，有時甚至還有大筆豐厚的非法佣金。近年來的科技產品徹底顛覆人民的想法，它讓新世代（以及少數暴發戶）得以一窺外面的世界，可說是為北韓鉛灰色的天空帶來一絲光亮。特種警察因此變裝潛入民眾之中，以便監控人民收聽由日本、南韓以及美國等「敵人」所資助的廣播節目（多數時候由邪惡的叛亂者主持），或者噤聲躲在人家窗簾之後，以便窺探他們是否正在收看未通過審核的韓劇錄影帶以及盜版美國影集，例如《霹靂嬌娃》。正如同中國諺語所說，即便是老鼠洞裡也有照到陽光的時候，北韓人民如今也有可能夢想過另一種生活……

金氏領導人家族十分堅持他們的邏輯。按照官方說法，他們的政策是行得通的，甚至足以與世界多國競爭。世界各國政要競相抵達平壤表達感謝，就是最好的證明；與某國外交部長具有建設性的會面，在電視新聞上不斷播放到令人作嘔的地步；又或者是黨報轉載的十幾則行銷性報導，這些像廣告的報導多數刊載在烏茲別克、敘利亞或伊拉克的報刊上。是的，地球上所有人的目光都集中在北韓以及它對抗虛無的戰爭上！主體思想化的人民堅持緊握著智慧及進步的火炬……

直到今日，金日成、金正日以及金正恩在這場遊戲中表現得還不錯，即便他們的大王國搖搖欲墜，常常漏洞百出。宣傳部的書記官繼續為他們傳遞偽思想，影響力遍及各個領域：革命、經濟、教育、策略、機械工程及科學、農業，也在體育、新聞、電影、歌劇、音樂、舞蹈，甚至連女性化妝也不放過。他們非常喜歡重複論述：「這世界上沒有人像共產黨員一般能如此真誠且熱愛生命。相較於他人，共產主義者總是比較仁慈且情感深厚，也有比較深層的情感。這就是為什麼世界各地總是會發展出新形態的共產主義者，他們的生命總是充滿較多的活力及動能，充分流露出豐富且革命性的樂觀主義……」

自金日成時代開始，一般民眾是不可能表達及散布與官方意見相左的想法。發表根據自我認知意識所形成的個人想法，會被逐出全體人民的世界，你將被視為有瑕疵的棋子，被逐出棋盤之外。無所不在的密探為此而活，層出不窮的逮捕行動也是為了肅清危險分子，以保障系統運行順暢。朝鮮勞動黨相當厭惡離群索居及冥頑不靈的異議分子，所有公民應從群體的角度來思考，也不應脫離自己所屬的團體。權威當局以儒家思想為主體，父權至上再搭配有效的警察體系執行所有相關工作。假若誰膽敢在集體編舞中踏出錯誤的一步，無疑是斷絕了與（唯一）真實世界的可能聯繫。如果幾捆韓圜紙鈔仍無法拯救你的性命，你和親朋好友一生都將像是行屍走肉，被囚禁在有刺鐵絲網包圍的勞改營中永世不得翻身。看兩集連續劇就有這種下場，代價可說相當慘痛！

所有獨裁者都一個樣，都是採用仇視積怨的手段。為提防變節者，即便他們的家人、親屬及朋友完全不知情，也得受連坐法之累，必須承擔相關的後果。舉發心志不堅的叛徒是為了保障大眾的安全，知情不報視同共犯，國家即有權加以逮捕，稱得上是斬草除根、全面肅清老鼠屎的做法。

然而，即便在種種威脅和黨內高級官員出面給予精神教育的情況下，變節背叛情事卻是與日俱增，即便很多事情算不上是變節背叛。北韓人逐漸了解另一個世界的人民日子好過多了，於是最有勇氣或是最絕望的一群人便用雙腳表明自己的意願。一些南韓團體及人道或宗教組織試著協助脫北者。當然，相關統計數字的真實性有待商榷，北韓有數萬名逃亡者（有人說約二十萬）跨越中韓邊境，但畢竟鴨綠江並不算太寬，沿河也沒有設置地雷，邊防哨兵也不是看到逃難者都會開槍。

如果越過中朝邊界的北韓人沒辦法轉到南韓落腳，這些非法偷渡客就只能悲慘度日，有時甚至被「轉賣給」黑手黨。但至少他們已經脫離朝鮮民主主義人民共和國了！為了扼止非法偷渡，北京方面會沒收偷渡者所有財產，再用刺刀頂著他們的背，送他們上二十至三十輛卡車，不時將這些可憐人遣送回北韓。北韓警方可能會對被遣返者採取嚴厲措施，但中國方面卻對這些人可能遭遇的悲慘下場睜一隻眼閉一隻眼。

在南韓境內約有兩萬三千名北韓人，他們通常都是跨越中韓邊境逃出來的。來到南韓後，這些難民組成互助網絡，希望藉此重建彼此的心靈、人生和命運。他們學習笨拙地敲打電腦鍵盤、開車上路、使用提款卡、在都市中獨自漫步，同時依照自己的口味選擇「正常」飲食填飽肚子。然而，一旦叛逃的難民是知名人士，這些人就會成為報復標的。舉例而言，北韓主體思想的理論大師、同時也是朝鮮勞動黨書記黃長燁於一九九七年投靠南韓，致力於反對平壤當局的政治運動，北韓多次派刺客追殺他。活躍分子朴相鶴自一九九九年提出多項反對北韓的提議，於二〇一一年在首爾地鐵再次幸運逃過炸彈攻擊。

北韓派出的殺手會想盡辦法滲透難民圈，好哄騙這些脫北者。有時他們會偽裝成和藹的南韓人，主動伸出援手、提供金援及聯絡管道，一步步設下陷阱好於關鍵時刻收網。消滅並非真同志的同志的方式，就是趁難民們開始信任協助者，願意踏出第一步面對面會見之時就讓對方一槍斃命，算得上是相當經典但音量不小的手法，例如金正日妻子之一成蕙琳的侄子李韓永就在一九九七年於首爾遭槍殺。北韓特務有時也以毒針進行暗殺，堪稱是北韓版的「保加利亞雨傘」[9]；一旦毒針刺入對方身體就會導致窒息，之後便任由屍體在空地或後車廂腐爛。總而言之，只有忘恩負義之人才會忘記頌揚主體思想的悅人歌曲……

我在平壤有機會於人民研究院與一位著名的理論學者見面。在穿過許多房間和走廊形成的迷宮，欣賞完幾幅壁畫之後，我們搭上電梯，進入一個被奶油色牆壁包圍的狹小空間，裡頭滿是精裝書和成堆的報章雜誌。這位主體思想學教授在一間名為「提問室」的房間裡與我會面，一道類似法院旁聽席前的欄杆隔開了教授和提問者，提問者在坦白說出糾纏內心的疑問時，得將雙手放在欄杆上。主體思想是否可溶於水？經過適當搖晃後，主體思想是否會變換成其他形式？不不不，不能提出這些玩笑似的問題，因為我的隨扈團裡又多了一名女士官。她可是說著一口流利法語，還告訴我她的法語是在阿爾及利亞（！）學的。

我在螢光燈下向髮鬢灰白的禿頭教授提問：「人們可以肯定地說主體思想是共產主義的原型嗎？」

他雙手併攏把指尖放上額頭，兩手的食指與中指在眉心揉了揉，他深深地吸了一口氣，再三斟酌，這位滑稽的飽學之士以高亢尖銳的聲音、過分精雕細琢的詞彙，說明了一些含糊不清、模稜兩可的概念，讓我的兩位翻譯官把我搞得一頭霧水。

女軍官首先開始翻譯：「人民群眾的工作，假若領導人接受軍隊武力在這種架構下執行鬥爭和付出生命，否則革命是不可能發生的。至於共同行動的內容……」

金先生做出結論：「……主體思想，特別是它的表現方式，一直為人所推崇，但是在共產主義的基礎上，由於人類知識的演進，在極端的情況下，這從來都不只是一項勝利，您知道的，屬於全體及人民的勝利。」

我對這位臉色蒼白、氣質陰鬱的人物表達謝意之後，離開了「提問室」，心裡覺得既可笑又憤怒。我自問在這個荒謬的社會裡，這些所謂的專家，每遭

9 保加利亞異議人士喬治·馬可夫（Georgi Ivanov Markov）逃離保加利亞後，先後成為英國廣播公司國際台、自由歐洲電台和德國之聲記者和主播，多次批評保加利亞共產政權。一九七八年九月七日，馬可夫在倫敦等車時大腿被雨傘刺中，被刺中的地方傳來陣陣痛楚，形成一粒紅疹，當晚便發高燒，送醫三天後死亡。法醫驗屍時發現他體內被植入一粒針頭大小的金屬珠子，進一步化驗後發現小珠內含有微量毒素。

遇這種場面，就只能靠宣揚狗屁不通的邏輯才得以安然當個無憂的老百姓？因為，坦承不懂這樣的邏輯是相當危險的。我們的訪客無法接受這樣的說法？是不是他受的政治教育太過糟糕？這人是不是個騙子？這些無法用「二十一世紀燈塔」清澈純淨思想沉澱自己靈魂的人，就是狗嘴裡吐不出象牙，完全不受教的駑鈍之徒。換句話說，心中容不下金正日花萌芽之人，就是潛在的敵人。

很顯然，國王是衣不蔽體，但有誰敢大聲指正他？在這個人出現之前，主體思想讓每個人都戴上綠帽。

早上六點鐘，我喝了第一杯茶。霧氣襲上我房間窗戶的玻璃，我緊閉窗戶不讓水氣進到房裡。今天是週二，我正在閱讀《瑪地》……

兩人在一艘漂流的雙桅帆船上什麼都沒找到，他們預期會見到的事物就躲在桅杆後頭：半邊身體從頭到腳都刺青的獨臂毛利人沙摩阿，以及住在島上的女孩安娜圖。在說明情況之後（船遭到攻擊，造成多數船員喪生，只有兩人生還，毛利人甚至失去了一隻手臂），賈爾以及敘事者重新取得船隻的控制權，順著風向繼續探險，享受著浪漫的自由情懷。

讓我們再回顧一下書名《瑪地》，瑪地一詞指的並不是像魯賓遜一樣的人，而是南海中一個群島的名稱。因此，它指的是在半夢半醒的氛圍中進行的一場漂流，船隻遇難人員任由洋流將其帶向世界地圖未知之處，期待抵達充滿奇蹟、擁有豐沛財富、植被濃密的島嶼。

這本書的故事相當令人驚嘆，儘管都被斥為無稽之談，在兩本描述南海經驗的散文接連暢銷之後（一八四六年出版的《泰皮》，以及一八四七年出版的《歐穆》〔*Omou*〕），梅爾維爾決定致力於小說創作。「我有了個念頭，想寫一本純虛構的玻里尼西亞冒險小說，並付梓出版。我想知道小說內容是否真的不可能被視為真實？而就某個程度來說，我過去的經驗其實是相反的，」他寫道。

這是一趟不按地圖走的旅程，置身一群魚兒之中，「魚的頭上像是戴了銀色的頭盔、整齊劃一並排游著，好似一支軍隊。」故事偶然在他面前很有層次地鋪陳開來，藉由延伸的話語及淘金之名形成一個化身及美麗的幻想。之後刮起暴風雨；這樣更好。安娜圖也消失不見；算了。倖存者放棄雙桅帆船，轉搭船名為「岩羚羊」的大型駁船繼續航行，在途中遇見「雙人獨木舟」上的玻里尼西亞人。為了嚇嚇他們，水手身著東方長袍，身上掛滿火紅夕陽般的玻璃珠子，在擄獲野蠻人的靈魂之前，兩位酋長出現了……

船上有位年輕女性似乎是歐洲人或白化症病患，她是出身於戴里斯島的怡蘭，看起來不像公主倒像是囚犯，答應成為犧牲品。水手們想要拯救這位美人，巫師居中協調：「離開就能活命，留下只有死路一條！」說得好！說罷便展開一陣打鬥，敘事者最終殺了幾名毛利人，其中也包括可惡的巫師。他們帶著這名貌美女子踏上逃亡之路，巫師的子嗣也開始追殺他們。總的來說，英雄看待生命的角度總和旁人不同。「沉靜中自有魔力，我手中牽著的手，是怡蘭之手，柔荑似水，好似微風輕拂；影像浮現在我眼前，我耳邊也響起一陣耳語：風中滿是歌聲。」

我們隨著漂流小船及故事發展的速度向前。梅爾維爾要何去何從？他在寫這本小說的同時就已知道。

我閱讀故我抗爭，我是這麼告訴克洛漢的，更何況他腦子裡想的事情也不會比我少。

在這段旅程中，所有事物都是強加且事先安排好的，熱情評論閱讀作品某個程度上給了我們心靈慰藉。對我們而言，閱讀是對抗枯燥無味北韓的解毒劑。北韓的模樣從後車窗不斷展現，我們也是由此觀察北韓的社會百態，車速在欺騙我們：人們總是成群結隊走；卡車排出的烏煙瘴氣；軍隊的吉普車；各式各樣身形佝僂的特遣隊，拿著鏟子、耙子、麻布袋、裝著草藥的包袱，有時向我們比了一些暗號但隨後又改變主意。所有人都很年輕，大多數時間總是看來一臉愚昧，好似在夢遊一般，身體衰弱不堪。他們就像是中古世紀染上鼠疫的人一般，散布在由看不見的惡魔堡主所統治的土地上。

這個省分一貧如洗，沒有東西可看，只能跳過繼續下一段旅程，即便只是下車舒展一下手腳，或是在刺槐叢裡小解一下都不行，只能盡量不把這種事放在心上。外界人士不得進入黑色牆面的村莊（也不能經過禁止暫停的地方）。我們無事可做只能不斷閱讀，好似自我防疫一般，每一個章節就像是一劑提醒針。是的，可不要讓這些先生們不開心，生活可以充滿各種不同的多樣性、有趣和驚喜，許多事情是不可預期的，外面世界的一切都和眼前行動受限的局勢大不相同。

有時在隧道周圍，一名士兵會從原先的藏身處跳出來，站在遠處荒謬地向我們行禮。他沒有足夠的時間辨識車牌，向我們敬禮是因為他認為有足夠的汽油能在午後以時速一百一十公里飆速前進的人，肯定是「重要人士」。因此出於本能，他立正站好以免惹上麻煩，插在腹部的手槍映射出光芒，眼睛瞇起來活像一尊塑膠雕像。我們的車輛路過所颳起的強風襲上他的臉龐，像是賞了他一記耳光，讓他搖搖晃晃站不太穩，最後他逐漸變小，消失在我們的眼前。如果我們將別人誤認為是他，他說不定還會生氣。

這些工作過度的僕人在每一秒鐘該處於哪一種放空狀態？我很想對著車窗外的他大喊：「敬瑪地！」但這太容易了，我扮演了一個好角色，他則完全不能理解。

我的行李箱有密碼和釦鎖雙重保護，行李箱內的襯裡遮住了金屬框架，用一個迷你開關打開。我用膠帶把記事本黏在行李箱外殼和加強橫桿中間。我每晚記載白天發生的事情，再加上一些自己的想法，和別人的對話，並添上一些描述和提綱。我好似身處敵國的情報員，能做的描述十分簡短，寫的字也非常小，這些他人無法理解辨識的內容，都將成為我日後寫作的材料。舉例而言：「戰爭博物館。散置的魚雷。砲彈。被擊落的戰機成堆放在巨大的庫房中。他們的壓制手法讓人聯想到凱撒的傑作。樓上是一間圓形的全景展覽室，你能在此綜觀大東戰爭的全貌。此外，裡頭有間安裝在某種旋轉裝置上的超大型圓形階梯劇場展館，天花板上還裝飾著一顆星星。坐在裡面的觀眾感覺好像就坐在燈罩中央，自己在裡面旋轉環顧四周逼真的場景，與實體同樣大小，景深呈現效果也相當不錯，畫面近景呈現的是真實的中國坦克以及磚造平房，在坦克及平房後方的物品則隨著景深變化而逐漸淡去。小克沒和我一起來，他並不太喜歡戰爭的東西，因此跟著約百人的軍官代表團，我成了在場唯一的平民。這些上校級的高階軍官各個把帽子放在膝蓋上，頭上的髮根推得光亮，頭抬得直挺挺，理著工整的平頭。深受軍人啟發的導遊用迷你雷射筆替代紅色牌子，適時指點賓客該看些什麼。他詳細說明突擊行動及反攻狀態，列舉出犧牲的單位。現場一片凝重的沉默。在轉了三百六十度之後，當美麗的軍樂於最終響起，軍人們在一片黑暗中猛然一致起身，僵直得像木頭人，遵從不知何處發出的命令（有事先錄音嗎？），朝空中張開雙臂呼喊回應：『萬歲！萬歲！萬歲！』我一副被說服的樣子融入了群眾。他們毫無忌憚地盯著我看，將我推向鋪著軟墊的階梯座位。他們根本不在乎我。像糟糕的嗑藥毒蟲。」

但我不會花很長的時間搞怪，因為只要我一想到這種事，驚恐的危機感就會襲上心頭，深深攫住睡在單人床上的我。這時我會立即起身檢查門鎖及百葉窗和浴簾，並且自問：「我為什麼要來到這個如同黑夜的國家？為了出版一本寫了一萬五千個記號的『遊記』？為了揭露這個不為外人所知地區的一些資訊？我到底在玩什麼遊戲？我開始害怕了嗎？一旦我的行李箱被圓鋸鋸開，他們發現我的記事本，我就會毫無保留地招認所有事情，不論真話或假話。在國安局進行的第一場模擬酷刑逼供的訊問中，我被綁在椅子上，只要他們一亮出傘尖沾滿毒液的毒雨傘時，我就會簽下自白書。」

是啦是啦，我的確是不太安分，也不是那麼可靠，不是太喜歡維尼綸衣物，穿上那種衣服會讓我腋下及胯下癢。我從頭到尾都在說謊，克洛漢先生與此無關，他只是單純厭倦了在法國時每天在精製牛皮紙及日本和紙堆裡打滾的生活；他和我同行並不是因為和我「同夥」，純粹只是為了消磨時間，放了他吧，把他帶來的七星文集還給他。至於我寫的那些蠢話，我會用修正液把它們全塗掉，我可以出版更正的駁斥內容。直接念給我聽寫吧，這樣比較快。或者我可以像美國海軍普韋布洛號艦上卑鄙的官兵一樣，在全世界的鏡頭前錄下認罪的自白：我是資本主義新聞界的廢材，西方的小資產階級，滿腦子只想以最低成本完成一本旅行文學作品。來吧，撕碎我的記事本，國家安全保衛部的先生們，我也算不上是布魯斯．查特文（Bruce Chatwin）及尼可拉．布維耶（Nicolas Bouvier）[10]之流，我不會再自以為是炫耀，再也不會調侃三位金氏領導人，他們是如此偉大、帥氣、為人民帶來希望，就像是長久以來在黑夜帶來光亮的明燈。你們想怎樣我都會照辦，如果這樣可以換取活命，活著總好過上西天。喔，對了，可以把護照還給我嗎？打從我抵達平壤順安機場的第一天，你們就扣留我的護照，把我丟進開往北京的飛機機艙吧，或是開往海參威、哈巴羅夫斯克、青年城，不論是哪個地處西伯利亞、地名裡充滿了O或K的地方我都OK，因為我很想逃走——我可不想永遠待在這塊由金氏父子領導的土地上，我的文章、我的書、我的志向，我統統都放棄，人總是得留著一條命的嘛。哈囉？您有聽到嗎？尚先生正在和您說話，我再也不是動搖階級！

房間的鏡子卻沒有回答我半個字。

---

10 布魯斯・查特文為英國旅遊作家、小說家和記者。尼可拉・布維耶是瑞士旅遊作家、攝影師和影像編輯。

有紅色煙囪的南韓籍郵輪停靠在東海港口邊從未離開，船體都生鏽了。繫泊的纜繩發出吱嘎聲響。岸上的貨櫃裡空無一物。冷清的港口。

元山是個「港口城市及休閒勝地」，以優美的沙灘、盛產的玫瑰、百年古松、龜殼裝甲船（原文是這麼寫的）、休憩小屋及度假勝地聞名於世。然而，在生機勃發的四月，我卻遍尋不著避暑的觀光客。導遊們告訴我，他們在清晨時分便動身前往山上，參觀瀑布及植物園。全部的遊客都上山了嗎？

「是的，尚先生，所有人都同時搭遊覽車上山了。」

即便我們並未開口承認，但我們都擔心起風的時候會帶來輻射落塵微粒。嚮導們有些不安起來，我們也顯得有些焦躁。算了，人總是得出門的。在筆直的大道上四處晃晃好排遣心裡的不安，想找間店購買金屬瓶蓋的礦泉水（或是買一些碘片？）卻總是徒勞無功。在我們認得的雕像周邊繞一繞，到松濤園酒店的大廳裡打個盹兒。飯店內軟墊長椅的椅面上有著裂紋，看起來活像隻擱淺的海豹，飯店的餐廳像廢墟一樣，只能隨便吃一點（廁所裡的水都流到走廊上來，要走超過十公尺長才見不到地毯上的水痕）。餐廳裡只有我和克洛漢，我們搭著兩瓶走味的啤酒，吃起兩盤超級迷你的小菜，兩碗泡菜，海洋的律動從外頭敲打著上鎖的窗戶，陽光映照在露天座位上。我不自覺地向一位如同魅影般盤旋於桌間的服務生索取餐巾紙，他用骯髒的雙手給了我洗手間的衛生紙。

在此重新回顧一下：是的，我們是唯一的觀光客，沒看到其他的觀光客出現在這些偏僻的省分，沒有任何觀光客，或者在北韓觀光局刻意安排之下，我們碰不到其他觀光客，也沒有機會將消息傳遞出去。說不定金先生二號一大早就與基地通話：「還有四小時我們就抵達了，趕緊把大廳淨空，開放停車場，確認一下房間內的隱藏式麥克風，把錄音機的磁帶換一下，特務編號一四二三及一七五六趕緊就位，偽裝成園丁和女服務生。」我們是絕無僅有的訪客。密閉的房間內散發出樟腦丸的氣息，床單活像塊裹屍布，水龍頭看起來也不是太牢靠，樓上也沒水，很顯然是為了避免使樓下的漏水情況更加嚴重。

就在我們等待某個不知名的委員會派遣公務體系的水管工人前來修繕之時，所有人看起來都不太在乎這些事，再說旅遊旺季也還沒開始。福島的輻射雲事件讓每個人的心頭蒙上一層陰影，由於北韓鄰近日本，消息不久前才從平壤傳到這兒來。大廳的電話響了二十三聲居然也沒人搭理（等電梯時發現它居然卡在樓層之間，發出嗚咽似的聲音時，我在心裡不停告訴自己，炭疽桿菌襲擊地球造成人類大量死亡，而我是少數生還者）。牆上的鐘指著莫斯科和東京時間，徒留指針空轉卻不具任何實質意義。這裡沒有任何人在意其他地方的時間。再說，對這群門房與囚犯而言，「其他地方」是不存在的，只有「此時此地」才是永恆不變的存在；這裡根本就是一座沒有柵欄的監獄。不過，我們不會整個下午都待在這棟水泥建築的走廊，或是待在交通車上以手帕掩面幾近窒息，對吧？該死的核能電廠！

我們當然被安排追隨主席的腳步，實際走過一遍他的參訪路線。防波堤的盡頭是昌德島，橫跨兩百公尺的木作及鐵製人行拱橋，就能抵達這座林木茂密的小島，沒有太多泡沫的海浪輕輕拂過橋墩。

小島上有小塔（禁止進入），有觀景平台（禁止進入），有樹林（禁止進入），所有建設都圍繞著一條水泥灌漿的羊腸小徑。這條小徑是遵照領導人的參訪路徑建成，我們也依循最高領導人的腳步，像他一樣一邊漫步一邊思索世界局勢。有張以紅色虛線製成的地圖，紅色的虛線看起來像極了血滴。我們必須像北韓領導人一樣停在他曾經佇足之處，全神貫注地沉思，好迎接閃過腦際的任何靈感，才能繼續往後的行程。應有的自由總是被剝奪，沒有一絲被釋放的可能，不太可能在這個帶著海水鹹味的溫暖午後迷路。昆蟲在空中飛舞。我感到身軀沉重，腦袋嗡嗡作響。突然間，我感覺到手臂末端雙手的重量。這是遺世獨立的一種癥狀嗎？

這個小島只是個平凡的觀光地區，沒有太多觀光客造訪，沒什麼特別值得一看的，除了閃耀著藍色波光的海邊不時伴隨著波浪，還有一條或許四十年後再也沒有人會在乎的主席小徑。我故意走在克洛漢和金先生後方，因為我發現一名年輕女性跟著我，或者說是加速趕上超越了我，好讓我可以好好觀察她。沙灘上散布著長有海藻的岩石，她挑逗似地穿梭在岩石之間和我大玩捉迷藏。她的目的是什麼？她身材高䠷，一頭棕髮，黑色洋裝襯托出曼妙身材，散發著夜總會女歌手的氣質，背後露出白皙的肌膚，穿著細跟高跟鞋，琥珀色的雙腿。她是日本人嗎？昌德島居民？還是女特務？我曾在南韓報紙上讀過相關報導，北韓女特務會刻意親近外國人好懷孕生下混血兒，藉以滲透男方的國家進行諜報工作。

這位美女開始脫掉高跟鞋，像小山羊一般在岩石間活蹦亂跳。她暗自竊笑，撩起洋裝，向我快速拋了一個媚眼，然後跑開。我刻意放慢速度，讓同行的夥伴消失在我眼前。她到底是躲到哪去了？這座小島的深處？在矮樹枝和樹叢中間，在松樹之下……

海浪的聲響透過樹葉間傳來。我不顧禁令，進入灌木叢中。我嘗試找尋她，但不敢出聲。她到底在哪裡？在小塔中嗎？我得小心，那兒可能有警衛及值班士兵駐守，塔頂還飄揚著國旗呢。在這個遠離城市、充滿綠意的小窩裡，從不需要出聲的我，如果碰到她該說些什麼？這是拉茲曼與金琴順的翻版之類的嗎？當然不是，那位陌生的女子早已不在這裡，她已經從另一頭走下山坡，在南邊海岸上啪嗒啪嗒碎步小跑著，手裡拎著高跟鞋。偶爾海浪會打上水泥小徑，腳步聲迴盪在小徑上。

沿著原路回到原本的路徑，我加緊腳步。

在我的前方，漁民穿著補過丁的橡膠潛水服，在水深及腰的海面上撿著生蠔。他們非常靈巧地敲開外殼取出裡頭的肉，然後再將肉丟進水桶，桶子裡還飄浮著一些被敲昏的蝦子。

我看到那個女孩與人交談甚久。事實上，她想向他們買些鹹湯，打從一開始她就在找尋這個東西。潛水的漁民帶著水桶，碳火上烤著生蠔，可能是拿來食用或是賣了賺錢。我盯著她看，她撥弄著瀏海，用張開的手掩住雙唇假笑著。她在笑些什麼？

從深海打撈出來的珍珠，生存在乳白色、幾乎平靜無波的海面下。一個男人帶著減壓閥，在葉片稀疏的棕櫚樹下用鐵鈎橇開外殼，取出躲藏在殼裡的珍珠。我停了下來，試著用英文發問。

「妳住在元山嗎？還是來這兒度假？」

我後來了解她其實不懂我在說些什麼。

也罷。女孩塗著口紅，一口皓齒。她是個美人，但美得有點庸俗，也攪亂了我的心頭，腳上所穿的細跟高跟鞋看來所費不貲。她的微笑讓我有些難過，因為這是我踏入北韓金氏王國的領土以來，首度與一般民眾近距離相互微笑。原本潛在海底的男人此時突然冒出水面，緊繃的潛水鏡弄得他滿臉通紅，看起來有點放大的效果。他滿臉通紅地看著我們，之後又再度潛入海底，像隻受驚的海豹。突然之間，我也很想脫光衣服潛入水中載浮載沉，逐漸溶化在律動的波浪中。希望女孩也加入了我，裸身又有何不可，悠遊在搖曳的昆布之間，她的雙手環繞著我的頸項，我們一起徜徉在幻想中的石狗公、珊瑚，以及猶如蛇般的海鱔之間。我們越游越遠，越游越遠，她可愛的雙腳拍打著我的背，陽光透過海面灑落，前面等著我們的是自由和永恆。南邊的海岸有著越來越多的幸福和輻射，假若那位女孩接受的話，我將稱呼她為怡蘭……

然而，金先生不耐煩地在陡峭的河岸邊踱來踱去，不時看著手表以手勢呼喚我。他計算出放射性物質的濃度了嗎？克洛漢已經回到車上，在行李堆中讀書，顯得相當冷靜閒適。透過擋風玻璃，金先生二號正用望遠鏡觀察我。

「快回來，有人正等著我們，路上車子也不少，距離今晚下榻的飯店還有幾公里的路程呢！」

我一臉陰鬱，不太愉快地走了回去，頭痛的毛病又發作了。我們要去哪裡？在這個似乎不存在的國家裡，我們根本哪裡也去不了。我們停車處的正對面是一間造船廠，鍋爐工匠手中錘子的回聲迴盪在空氣中，就像是迴力鏢一般，標誌著安逸的沉默。浮橋的尾端放置了揚聲器，東海在輻射雲的籠罩下閃閃發亮，看起來就像是一張有刮痕的藍色唱盤，重複拍打著相同的波浪。在這兒之上我化作煙塵，在身體不移動的情況下轉動了一毫米。

☀

象徵南北韓邊界、不算太高的水泥牆，橫亙於一群木板屋之間。由於「戰爭始終未畫下句點」，因此水泥牆兩側都能看到頭戴鋼盔、加強戒備的士兵。這邊是北韓，另一邊則是南韓，相隔只有三大步的距離。真不可思議。北韓人阻止外人進入的方式就是將敵人打得落花流水，南韓人則是立即持續反擊。邊境不斷上演著擦槍走火、挑釁、報復、混亂情勢等戲碼……為了通過兩韓邊境（在充滿鐵絲網、瞭望台、地雷區及防空炮台的地獄裡，有個象徵性的突破口），並來到另一端的南韓領地，最好的方式是開車到平壤，轉搭飛機到北京，然後再搭一趟飛機抵達首爾，最後再朝反方向開六十公里的路程，到達共同警戒區內供軍人居住臨時搭建的木棚屋。然後僅三十公分之遙，即可到達邊界的石板，回到前一天我們所在的另一端；人類的一小步，兩韓的一大步。

很少有觀光客會錯過位於北緯三十八度的板門店。觀光客就是愛看在這裡進行的許多儀式和禮節。旗幟在空中飄揚，軍事巡邏隊來來回回，擴音器大聲地高談闊論，宣揚民族主義的壁畫隨處可見。沿路有檢查崗哨，反坦克的阻車閘，雙方緊張對峙的情勢一觸即發。這條長兩百五十公里、寬四公里的走廊兩端（毫無諷刺地被稱為南北韓非軍事區），七十萬名北韓人與美國軍隊撐腰的四十萬名南韓人相互對峙。在南北韓交界鐵絲網的中間區域，上千種動物，比如遠東豹、滿洲虎，得以安心在此繁衍。一般咸信經過這段時間的保育，足以使得這一區成為生態保留區。真是太了不起了！

為了印證行前閱讀的資料，人們可以參觀位於南韓長一・六公里、寬兩公尺的隧道，南韓軍隊在北韓計畫突擊的前一夜，在此擄獲了一萬名敵軍。後來這條隧道再次封鎖並加強保全，恢復成地下人行道（參觀時間四十分鐘，還有機會可享學生票價）。人們可以在瞭望台前故作英烈姿態地拍照，購買紀念品，前往禁止通行的橋梁（有時會在這裡看到有人在雜亂的草叢及蕁麻叢中突然嚎啕大哭），在高級飯店裡用午餐，在靠近停車場的地方玩吃角子老虎。更有好奇心的人可以（付費）挺進都羅瞭望台，「在那兒觀光客可以用望遠鏡觀察北韓農民的日常生活作息，或是正在接受軍事教育的小學生……」著迷於研究日常用品的觀光客，可以欣賞展示櫥窗中貼著標籤的「宣傳手冊、工作服、北韓家庭用品」，這些物品就好像是機器人用鉗子從別的星球夾過來的。

但是我和克洛漢以及三位金先生人在另一頭，為了抵達這塊位於兩韓挑釁邊界的板塊，兩韓之間的最後邊境，參觀者必須蓋章取得許可，上繳應付的參觀費。之後會有一位上校重新解釋情勢，內容可說是枯燥乏味，立場毫不妥協，手拿指示棒指著一張圖詳細解說地理位置：那裡是（該死的）南韓，這裡是（卓越的）北韓，還有一處停戰棚、不回頭橋、七十二小時橋，橫跨非軍事區的迷彩木板棚屋則是交戰國及諸如聯合國及紅十字會等國際組織交涉細節的地方。

審核過程極端繁瑣，規矩令人印象深刻。我們必須再等一會兒，也不知道在等些什麼。等待一個命令？一通電話？疲乏厭倦湧上心頭，我在值班人員交接的空檔，再三閱讀宣示統一的告示牌，因為「這條界線將朝鮮家庭一分為二」。

最後，我們在指示之下繼續原本的行程。載著北韓士兵的車輛緊挨著觀光客，其中一名士兵陪著觀光客拾級而上，他的膝蓋上配有連發型手槍，頭上的鋼盔不斷碰撞天花板。在這個地區迅速前進，越過壽川，假裝沒有留意到採射擊姿勢的士兵、各式路障、小型掩體、水泥製的尖刺防禦設施，以及一群虛實交替的兩層樓建築（相當逼真的柵欄），這些建築被用來偽裝成北韓村莊，以混淆敵人視聽。收到下行的指令時，大家得依序下來，將個人物品留置在車上，並在停車場等候。我們接著要參觀一九五三年簽署停戰協議、結束雙方敵意對峙的冰冷棚廠。在這個空間行進時充滿了回音，參觀者的每個步伐都受到計算及監視。接著，我們又在靠近迷你建築的一座山丘頂端停了下來。之後我們在事先預錄好的歌聲中，由警衛陪同走下坡道集合。我們手臂緊貼在身體兩側，抬頭挺胸，一二一二地數著步伐，最後終於抵達下方的幾棟棚屋。那兒有扇大門朝北方開啟，另一扇則面向南方，三間藍色棚屋，兩間白色棚屋，到處都是反射鏡和探照燈。有警衛正在這裡執勤：三名沉默的北韓人，對上六名面無表情的南韓人。

我們進入專供觀光客參觀的藍色棚屋中，這座棚屋就位在分界線上，面積三十平方公尺，一半歸南韓，另一半則歸北韓所有。看到正對面上漆的辦公桌，上頭放著一具過時的塑膠電話，成排的麥克風，柱腳還插著旗子，只要不小心踩錯一個步伐，就彷彿掉入了時光黑洞一般，瞬間回到六十年前冷戰時代的緊張氣氛。一位高階軍官為我們解說第二堂策略課程，拿著望遠鏡向窗外看，我們看到一位面容凝重的哨兵，在他的後方以及前方還有中士階級的憲兵，緊貼著朝向南韓的門邊站立，明顯配帶著自動步槍，以避免任何人輕舉妄動。

不論開心與否，大夥兒為了進入後方的建築又再度排好隊伍準備離開，抬頭挺胸一二一二地數著步伐。我們在那兒的陽台上以高倍望遠鏡觀察強大且邪惡墮落的南韓資本主義者，私家車和火車川流不息，經濟活動所帶來的喧囂，越過鐵絲網及停戰區之後就是自由的生活，首爾其實離這兒很近。北韓人的眼光仍不停來回注視著邊界前方，對面建築物裡南韓及美國士兵的動作磁吸著北韓人的目光。南側的美韓聯軍在相似的建築裡隔一個天台也在觀察著北邊的一舉一動，他們盯哨站崗時，我看著你，你看著我，你們的一舉一動都受到他們的紅外線設備及熱感應相機的監視及記錄。突然很想趁著氣流上升之時，在空中朝著他們大吼，抬頭只見老鷹掠過天際，雙方面無表情、肅穆莊嚴地對峙著。「如果哪一天兩韓統一了，雙方為了這條看不見的分界線所做的一切不是很瘋狂嗎？」

我在開城人民飯店的房間裝潢偏庶民風格，這說明了設備不足的窘境。我們睡在鋪著草蓆的地板上，枕頭是稻草做的，和其他旅館一樣，這裡也沒有自來水供應，抽水馬桶也不能用，一個有柄的大口徑塑膠水壺隨意地放在石井欄邊，有塑膠水壺可用運氣還真好。我們兩人各住一間黑色木屋，木屋裡面有一間三乘五・二公尺的迷你房間，感覺有點像置身於紙箱（有扇迷你窗戶藏在雙層絨呢製的迷你窗簾後方），一天僅供電一小時。

順著我的木屋下去的是下頭有基樁支撐的露天陽台，前頭則是一個方正的庭院，院裡有一株快枯萎的李樹——看起來像是東北杏樹？門邊的鐘是用來提醒住客時間的。

白天總是讓人感覺特別漫長，但我總覺得什麼都沒看到，什麼也都不了解。石板路蜿蜒崎嶇，石板的接縫也沒有用水泥補好，讓人走得筋疲力盡。大約有百來位北韓民眾以頭巾遮面，在地勢低平的地方拿著鏟子和十字鎬辛勤工作。最後我們抵達一座光禿的山丘，一隻牧羊犬及一隻拳獅狗守衛著三尊留著山羊鬍的名流之士紀念雕像，階梯的頂端有兩座圓形陵墓。我們走了一圈就下來，算是個不錯的旅遊花招；坐落於陵寢旁邊的淡綠色小博物館不開放參觀。總之，這是十四世紀的統治者，也是高麗王朝第三十一位統治者恭愍王的陵墓。嗯好，了解，然後呢？

我拉開椅子好觀賞窗外的夕陽餘暉，我重新想起定居北京、風格多變的偉大詩人謝閣蘭。當他在露天陽台細細品茗並賞玩書法卷軸之際，或是當他在乾淨的庭院中為剛在市集中購得的蒙古馬清潔梳理毛髮之時（亮灰色的矮壯馬兒，稀疏的馬鬃，耳朵如同細長的老鼠耳），這位來自布列塔尼的紳士穿起便服來像極了耶穌會士，配戴醫師風格的夾鼻眼鏡，繫著領結，頭戴呢帽。謝閣蘭有「騎兵」特質，在領導統御上深諳兩面手法。他在迂迴的巷弄內穿梭，樹木勾勒出他的身影，他的住所磚牆後方是一條通往山中的小徑，塵埃及黃土漫天飛揚。他將率領兩大隊人馬橫越中國，在地圖上已畫出偏好的兩條瘋狂路徑。他瘋狂迷戀山坡和峰頂，旅行目的地是地處高山、風勢強勁的封閉聖地西藏。

即便相隔一個世紀，我相信這些照片還是讓我沾染上亞洲的氣息及遠東的味道，我喜歡望著這些照片，想像自己在那裡旅行：在高大峻深的溝壑之間，因新鮮空氣而面頰紅潤的人們身上穿著「光彩耀眼的破布衣」，自高不可攀的國度拾級而下。是的，世界持續在運轉，在城市之外、原野的邊陲地帶，還有許許多多其他的原野和城市，住在那裡的人們過著自己的生活，奇特古怪的事蹟就深藏在其中，而且生活在自由開放的世界裡，每一個體驗都會有不同的啟發。就算未來充滿了謎團，但正因如此才會為生活增色不少。對照起北韓矯揉造作的行動啞劇，所有行動受到無線電纜控制，人民的行為和嘎吱作響的機器人沒什麼兩樣，可說是大不相同。

流經該地的河流孕育了地區的發展，上游豐沛的水量不斷挹注，兩岸是水泥做的陡峭河岸——我在橋墩之間聽到水流經過的嗡嗡聲響。一群高低起伏的骯髒屋瓦四處散落，形成一個古城迷宮。並沒有太多建築……在開城一切都很安靜，沒什麼太大的聲響，即便是在開城也沒有私家車，僅有少數引擎在咆哮的運煤車在街道上穿梭。一幢幢的房子像是怕冷一般緊挨著，腳踏車像天鵝一樣，小心翼翼地在迷宮中滑行，刺眼的告示牌林立在廣場四周，小小的天空就像天井一樣。其中一塊牌子的面積至少有三十平方公尺，上頭有位戴著鋼盔的工人，手持對講機，鼓舞著一群帶著國旗的平民武裝部隊，手持衝鋒槍，身掛砍柴刀，不畏艱難向前衝，迎向光輝燦爛的未來。開城是如此靠近南韓邊界。與其他地方相比，這裡的民眾更應該對北韓的革命信仰深信不疑？

在距離旅館千步之外，我靜靜數著一整排被蟲蛀蝕的樹木，旅館外大道盡頭的擴音器嘮叨地播放一堆陳腔濫調。哪些人會經過？一輛遊覽車上載滿了穿著灰色衣服、髮型身高都一致的乘客，其中有些人毫不掩飾直接盯著我看。與世隔絕的人民自問，這個歐洲人在人行道上做些什麼？他身上也沒有背著相機，為什麼他在這個城市漫步？為什麼他可以如此無憂無慮？他的導遊和旅遊團團員在哪裡？至於我，我無從得知這對精疲力竭的夫婦是靠什麼維生，兩人從車上一前一後走下來，身後都背著大型的黃麻布袋，操勞忙碌的模樣就像是走在人行道上的一對驢子。這位「動搖階級」有著漂亮的雙眼，才三十歲，背部就已經有損傷了。

回到自己的房間，我用閱讀迎接夜晚的降臨，對抗這趟旅程的空虛，對抗這一夜深陷泥淖的孤獨，以及我日益加重的苦澀辛酸。某些事物刺激了我，一種抽離感湧上心頭，而悲傷透過懷疑的傷口不斷腐蝕著我。我在北韓，這個沙漠的深處，惡魔們一個個回頭來找我，他們不但生性固執而且很難對付。我躺在床上，和這群大型流浪野獸一一對抗。他們眼球深陷，有如幽暗的門，笑容有如冷冰冰的階梯，潮溼的獸爪死而不僵地對我張牙舞爪。我手上什麼武器都沒有，沒辦法欺騙他們，只能麻醉自己，改變自己，為自己加油打氣。沒有網路、沒有電話、沒有報紙。自從我中途停靠北京轉機之後就再也無法和任何人聯絡，相對而言，也沒有人知道我在哪裡，不可能聯絡上我，或是通知我今晚發生了什麼事。我想聽聽心愛的人的聲音，我想知道貝莉絲在巴黎發生的大小事（即便相距了幾千公里，我依然能在我們狹小公寓的鑲金邊大鏡子上看到她的背影，她剛剪短了頭髮），她跟我描述在阿森納港（Bassin d'Arsenal）[11]的時光，塞納河的顏色，皇家宮殿的椴樹是否長出新的枝葉，多瑪尼結冰的湖水是否隨著春天降臨而冰雪消融……至於克洛漢，他應該也像我一樣在房間裡反覆思索。在小花園裡兜兜轉轉之後還是不能離開旅館房間，在這群笨拙的植物中間，已經感受不到身體是自己的了，至少他又重拾起儒勒．雷納爾（**Jules Renard**）的《日記》（*Journal*），在手電筒的燈光下閱讀？現在我們好像在同一條船上，光是在手電筒燈光下閱讀這點就足以讓我們的船艙進水？摸起來黏糊糊的水把我們拖進池底，在房間深處把我們折成兩半，名符其實地成為待在死人墓穴裡的活體。不論騷動也好抵抗也罷，我們都很孤獨，像是寂靜中的一點噪音。

酒吧還沒有開放（榻榻米上只有三張矮桌，桌上都放了一只花瓶，裡頭插的是塑膠花），門房已經走了，紀念品專賣店裡一直光線不足，半明半暗（店內販售著主體思想的小冊子、六塊磁鐵、硬得像骨頭一樣的柿子乾），只有在顧客來時才開燈，但沒有多少顧客願意進去。旅館紅色大門深鎖，在此之

---

11 阿森納港是位於巴黎聖馬丁運河上的港口。

前，一輛遊覽車載著六個日本人出現在方形廣場後隨即不見蹤影，他們應該是出發到別處吃晚餐了。

書頁不斷翻動著，我移動椅子好追逐最後幾道日光……繼續閱讀梅爾維爾的《瑪地》：一行人抵達了期待中的小島，「大型艦隊停泊在島上珊瑚礁的小港口」。當地人民慷慨大度，更巧的是，他們誤認敘事的主角就是他們所信仰的宇宙起源半神人「白達吉」（Taji le Blanc）大神。祂是太陽使者，在宇宙旅行之際，來到地球稍事歇息。巫師見到他便驚慌不安地說：「為什麼祢未到時辰就出現在這裡，達吉？」他用哪一種語言回答這個問題？這一點也不重要，畢竟這是本冒險小說，一個幻想故事。

另一位比較大方的酋長梅地亞提議在鄰近的島嶼迎接他，達吉接受了提議，但獨木舟在越過潟湖時發生船難。從一座島到另一座島的旅程，「就像在夢中實現了」。

風景十分迷人，瀑布水量豐沛。在樹上，明亮的多色鳥就像是在天空撒出的一道炫目彩虹。在草原上，「一陣銀色的霧氣」迎面而來。到處盛產著水果。所有水果皆用來讚美神，畢竟物產豐饒皆是拜神所賜。

身為統治者的梅地亞國王戴上飾有骨頭及珍珠的皇冠，開啟這個「圓形的小世界」，將他們安頓在一間鋪有散發芳香氣息草薦的茅屋，為他們準備豐盛的椰子、魚以及山藥。他供應海難倖存者一切生活所需，給予他們延續生命的必需品。他似乎對他們說，做你們想做的事，享受快樂的時光，因為在這個底層世界已無事可做，況且什麼也不缺。甜美如天使的怡蘭在他的床上展現她的愛。晚上在火堆旁及星空下，身材矮小的人邊唱邊跳，潮水在像是黑藍色心臟的石珊瑚間拍打。季風總是捎來一些大事。日復一日，恆久不變，與過往都相同。這個幸福國度裡的萬物重複唱著美麗歌曲「是的，我還要」……竹林間突然冒出一個身影，全身包裹著塔帕（tapa）四處遊走，「有隻手拿著面紗緊貼臉龐，隱藏得很好，人們只看到一個眼珠……」

☀

這個小傢伙在有破洞的外套皺褶裡藏了些什麼？三個蘿蔔、六個甘薯、兩顆蘋果？或是透過非法管道進口的中國製餅乾？

黑市透過各種管道滲透進來，如果沒有黑市，沿路就不會有人提著裝滿的塑膠袋或是提著東西兜售。金氏父子領導人對這種現象睜一隻眼閉一隻眼，只要在人行道邊等候，等隨從人員的注意力稍微鬆懈，他們就會出現。這些不幸的人隨處可見，他們埋伏在暗處，很快地向你兜售他們手上擁有的少許物品，收購任何你給的東西，吃剩的三明治、一包口香糖……他們沒太多要求，因為對他們而言，能鼓起勇氣靠近你已經是非凡的舉動，生存法則邏輯總是勝過這個瀕臨破產的系統。每個人都知道在中國的豬吃得還比北韓的小孩營養，這些又高又胖的白人和他們的走狗坐在車子裡，行李廂滿滿都是行李，顯然是活生生的珍貴目標。

八名士兵在一道急轉彎前擋下我們的車子，要我們下車排成一直線。即便看不懂法文還是堅持檢查證件，看了一下我們的行李，只是做做樣子或是出於無聊，至少司機趁隙塞給他們一些鈔票，而不是那堆毫無價值的證件廢紙。在什麼都搞不清楚的情況下，我們再度啟程，但他們知道。

「所有問題都解決了。」金先生滿意地向我們解釋。

這趟旅程還能怎麼樣？所有事情都是事先安排好，每天早上都必須接受檢查，時時刻刻都被鎖住，所有地點都事先規畫，當晚住宿、明天的行程、大後天的行程，甚至一分鐘之後要做什麼全部都事先排好。我們從來沒有漫無目的地散步，也沒有機會體會到不預期或偶遇事物帶來的酸甜苦辣，不可能在某個地方暫停，不可能四處逛逛，沒辦法在楓樹下歇歇腳，探索岩洞中的壁畫，觀看河流匯入東海的美景，以及河海激盪產生的浪花（三層鐵絲網阻擋了通往海邊的路），沒有任何預期以外的行程。我們在一個看不見的軌道上運行，透明的圍牆為我們引路，在形同監獄的旅館中被限制行動自由。即便我們的傳令兵是以平民身分出現，但實際上他們是便衣警察，將我們從監獄旅館移送到度假拘留所。在這種情況下，不會有人對這群獄卒產生任何好感。自從入境後，除了我的外文姓名，我在背後還得繡上一個註冊號：I-739，I宛如意指闖入北韓領土的外國人。

東南方，在平原上陰鬱犁溝後面，正散發著火焰般耀眼的光芒的是號稱「鑽石山脈」的金剛山。在白色的崩落岩石中，金剛山彷彿是吹過綠洲的一陣微風，山區內瀑布星羅棋布，林木參天。

我們獲准參訪這個重要的旅遊勝地。因為靠近邊界，這裡也受到南韓人喜愛。由於南韓現代集團的努力，金剛山風景區於一九九八年重新開放，但對於觀光客的規定非常嚴格，只能參觀限定區域，不能在沒有導遊的陪伴下行動，只能在（由南韓人經援並建造的）招待所留宿，招待所還有部隊看守，不得持有會損害他人名譽的報章雜誌，不能接觸北韓人民，不能在當地留下任何東西，也不能給任何人任何東西。針對每位跨過邊境而來的外國人，北韓會徵收高額的人頭稅。二〇〇八年，一位女性觀光客運氣不好，在清晨時分恍神四處閒晃，沒有留意到他人的喝令警告，回過神來卻又驚慌失措拔腿就跑，在挨了兩槍後死去。這件事可說是一場悲劇，也造成外交情勢混亂。首爾方面要求北韓道歉，但北韓從未發表任何道歉聲明。自從這次事件後，南韓人就再也不到金剛山旅遊。

當地的導遊加入了一直陪同我們的金先生導遊團，一開始就直言「這輩子還沒見過法國人」。她頭戴棒球帽，身著羊毛夾克，看起來就是一個北韓平民應有的樣子，遵守規矩的模範公民，肯定是一位「核心階級」，才能被指派與西方人接觸，而且每回有西方遊客想冒險上山，她就會滿腔熱血地陪同，只是不常有這種機會。就像其他導遊一樣，她可被視為穿著便服的軍人，在我們攻下第一座山頭之前，不斷向我們訴說陳腔濫調：

「當偉大的領導人一九九四年遠道而來巡視時，真是我們這個村莊莫大的榮譽，我們都還保有當時的照片。他說我們這些住在邊境地區的朝鮮人就像是生長於山上的堅毅松樹，您上山之後就會看到很多這種松樹。偉大的領導人要說的是，雖然我們的土地不多，但我們還是隨時保持警惕，勝利終究會站在我們這邊！」

看到我們嘛嘴一臉不屑的神情，她就不再堅持說教了。之後她非常謹慎地透過翻譯試探我們：

「法國是在歐洲，對吧？是一個很大的國家嗎？你們也有美麗的高山嗎？」

「有，而且比你們的山高很多。」

聽到我這番蠢話後，她看起來有點受挫，表情也有些不悅。

金剛山長期以來被認為是聖地，許多佛教僧侶定居於此。虔信宗教是少數在北韓帶著較少革命色彩的事項之一。刻在懸崖側面大岩石上的銘文以及三座漆成紅色的木造閣樓地勢甚高，但它們似乎不會因為居高臨下而感到暈眩。松樹林一片沉寂，遠處傳來一陣陣嘩啦嘩啦的瀑布聲，很少聽到鳥兒啁啾啼叫，空氣中飄散著一股樹脂香味，整座山谷充滿著甜甜的香氣。山谷中小徑糾結環繞，咱們提起精神繼續往前走吧！

登山的路歷時四小時，我們沒有選擇最陡峭的路，也沒有選擇最長的路，但在動身上山之前，我們現正埋首看著地圖中以虛線標示的路徑。壯麗高山的精采表演現正準備登場，我們再也無法找藉口留在廂型車裡。穿過幾座吊橋後，沿著許多道翻騰的溪流而行（說不定是同一道急流幻化成十種不同的形態？），穿過混亂的岩石，繞過雪景和冰川，繞過羊腸小徑，崩塌石頭的造型十分神奇。再往地勢更高的地方去，如果水不是那麼冰的話，間歇泉小池真可以是泡湯的好處所。

在金剛山還是無法與傳說脫節：兔子岩的由來是玉帝曾允許一隻具備神奇力量的雄兔下凡前往山脊遊歷。結果這隻兔子受到高處景色吸引不想回去了。玉帝非常生氣，一不留神就將雄兔石化成一座山岩……這個故事的陳述方式相當天真，我覺得到這位年輕的女導遊努力在找這塊岩石的兩個突出點來和兔子的頭類比。

當時我們相信在半山腰會有一間客棧可以歇歇腳，服務人員會準備好一盤白飯、泡菜及啤酒等待我們大駕光臨。想到這兒我不禁身手矯健邁開大步，甚至超越了陪伴我們的導遊群。克洛漢則是一路小心翼翼，深怕路程崎嶇，一不小心傷了他腳上那雙淺栗色紳士皮鞋。兩個小時過去了，中途也經過許多岔路，往右方通往惑思洞，左方是通往三佛岩，之後右轉往鎮厚瀑布，左方是通往圓通洞，最後則是望金山，小徑的盡頭是一處僻靜之所，裡頭沒有和尚和信徒待在一群彎曲的松樹林及長長的雪洞中，我們極度失望。踏上一座山崗，背倚著水泥柵欄，前方的懸崖彷彿是一片滲透的隔板，懸崖上還懸掛著幾株頑強的植物，位在最末端的松樹像自殺般懸吊在半空中，蜷縮的根部緊緊抓住少許的泥土……舉目所及並沒有看見客棧。

狂怒的瀑布劃破空氣中的空白；它總是獨自低聲獻唱。一隻隼緊隨著另一隻垂直攀升，就像子彈在管子中移動。懸崖上每則題詞約有三十公尺高，每個字就跟人一般高。這些文字是如何篆刻上去的？是否是由登山專家身繫纜繩冒險刻上這些文字？這些行徑瘋狂的人是想神化些什麼？一般人不需要成為佛教徒即能感受到周遭的氣息：新鮮空氣，恆久不變的流水，彷彿窺伺他人隱私的陣風，顏色偏藍但質地純淨的雪，山峰尖銳的外形就像鐵鉤一般，而這樣的存在與其他事物同樣濃烈、永恆、細緻、至高無上且安穩，用單一名詞不足以涵括所有的感受，天空在這些事物的外圍增添上一圈清亮的皇冠。

我們的腳都快走斷了，所以坐在冰冷的岩石上歇息。日照方向隨著時間挪移，陽光照不到的地方寒意襲骨，寒冷像小狗一樣輕輕啃蝕我們的身軀，逼得我們不得不轉移陣地。克洛漢仔細檢視他那雙備受磨難的鞋子，我們互相嘲笑，精疲力盡。

「需要紀念品嗎？」

「我的鞋子就是最好的紀念品。」

對我而言，知道古代詩人曾讚頌金剛山的壯麗就已經很滿足了，但我想稍後再讀這些古典詩詞。此時此刻，保溫瓶和裡面快要見底的綠茶會比這些詩句更能安慰我，因為我們必須走下山才能夠吃午餐。

「你們在開玩笑吧？」

克洛漢剛剛才發現鞋子變成了紅磚色。

金先生和金先生二號已經沿著坡道躍上山坡，急著站上山頭結束攻頂。下到山谷才有飯吃，沒有商量的餘地！

樹林沙沙作響，導遊微笑著，她的皮膚像象牙一般白皙，上下這座北韓的阿爾卑斯山就是她的人生，她認得所有景點、每個角落，甚至是適合睡個午覺歇息一會兒的斷層。走在碎石路上，我們在不了解對方的意思之下交談，七拼八湊的語言就很夠用了。大家都疾步而行，她走在我前面，背後的馬尾隨著她的步伐規律地拍打在頸項上。我們穿過一片寂靜，風聲隱匿的林中空地裡，彷彿有一頭失眠的老怪物。我們消失在拐彎處。我給她袋子中的最後一顆蘋果，她把整顆都吃完了，笑容就像是鋒利的鋸齒刃一般割穿了我。

關於冷麵的食用季節有兩派不同說法：一是應該在夏天品嘗，因為在炎熱天候下，冷麵可以產生降低體溫的效果（炎熱天候下食用冷麵＝降溫），二是應該在冬天享用，因為其衝擊效果有益健康（在寒冷天氣下吃冷麵＝溫熱身體的效果），而且可以振奮精神。我實在不知該如何判斷這兩種說法何者為真，畢竟現在是春天。總之，冷麵是平壤的特產，名聲特別響亮。

金先生不只一次向我們保證一定會讓我們嘗嘗冷麵的味道。「這裡，對對對，就是這裡。」他是這麼說的，但我們就像龍捲風般經過櫥窗前，看起來的確是比其他店家的櫥窗來得大，但除此之外，外觀沒有一項特徵可以讓人聯想到這是一間餐廳，沒有任何招牌，外頭也沒有展示菜單。「我還記得，這兒的冷麵好吃極了……」他相當肯定，用食指敲著擋風玻璃說：「冷……麵。」然後金先生轉向我們，保證它好吃。

喔！重回到首都，再次入住羊角島國際飯店（我們兩個的房間和上回同一間，在同一層樓，看起來在這段期間都沒有人入住過，連我忘記帶走的牙膏蓋都還好端端地放在洗手盆右方，完全沒有人碰過，在昏暗光線下磷光閃閃，好似我們去外省的這段期間，這個地方用福馬林泡了起來，像是外人不得擅動的犯罪現場），最後我們終於獲准在靠近江邊的餐廳一償宿願品嘗冷麵。

燈光昏暗的餐廳裡只有我們兩個人，不禁讓人懷疑是否即將有空襲警報。拉開大幅窗簾，外頭的景色是一座燈火晦暗的灰色城市，電視好端端擺在檯子上，正無聲播放著一部歷史影片（北韓游擊隊員在毛毯裡藏了一些東西準備勇闖日本人侵占的領土邊界。裹在毛毯裡的顯然是一位年輕美女，她剛自監獄中獲救脫離苦海，轉過頭面對她的救命恩人時，馬上全身發軟無力，慘白的雙手試著捉住任何可以扶住的東西）。當然啦，除了我們之外，在這堆擺在地磚上不怎麼方便舒服的桌子、高腳椅之間沒有其他食客並不會讓人驚訝：現在是下午五點，我們的導遊一心只想提早回家與妻兒團聚，順便看看是否有鄰居潛逃，或是有沒有人向當局密報他們有不法情事。我們在這個時間點是否有胃口根本不重要，在這個飽受飢荒蹂躪的國家，人民可以進食的時候就得抓緊時間吃，即便吃下肚的風味盡是油膩膩的殘羹剩菜。

接下來所有事情都快速進行，服務生並沒有盡力解說或介紹菜色，金先生也以非常簡單扼要的方式翻譯。我們點的不是豆漿拉麵或泡菜拉麵（隨處可見、四處氾濫的），也不是冰麵（相當極端版本的冷麵），而是遠近馳名、號稱經典傳統的冷麵，就是大家口耳相傳、我們夢寐以求的冷麵。而在各種口味的冷麵之中，我指明不需要辣醬，只需一般口味即可。

平壤冷麵究竟是什麼呢？在一個金屬碗中放入一份一百公克的蕎麥麵，麵體纖細如天使髮絲細麵，黏稠的感覺有點像橡膠。把麵放進去透明濃稠的冰涼高湯裡面，麵上面再放上一顆事先煮過放涼的小雞蛋（蛋也未免太小了，莫非是蜂鳥的蛋？），配菜則是六條生小黃瓜以及半片（罐頭）梨。

即便搭配了五百毫升的啤酒和長頸大肚瓶裝的米酒，我還是認為關於平壤冷麵的評價是有點吹捧過頭了，甚至可以說有點令人困惑。即便克洛漢沒有對食器產生反感，他也沒能成功地用不鏽鋼筷子夾起纖細軟滑的麵條，他總共失敗了十次，最後可說是徹底惱火，完全放棄。對我而言，這是亞洲的飲食方式，只是我採用有點偏向暴飲暴食的方法——將碗半傾斜地拿到嘴邊，筷子有點像是機器推桿，嘴巴有點像是狼吞虎嚥的吸塵器——我玩得挺開心，這個過程比食物本身有趣。在晚餐前後沒有任何節目的情況下，我們下午五點四十五分就回到飯店，感覺有點胃痛。容我在此大膽說出實話，是因為飢餓而引起的胃部不適。

河上下起了毛毛雨，很髒的雨，雨絲細密又連綿不絕，讓電車打滑顛簸，活像是運送靈柩的車輛。在我們的車前頭和後頭各有兩輛賓士，車速都慢了下來。賓士車的車主是國際運動賽事得獎的運動員，聚集的人潮把我們困住，我想要下車透透氣，而且現在時間還早。金先生妥協了，不能超過五分鐘，這樣對大家都沒有風險。我們回到政權「核心階級」的所在地。在學院台階上，在大廳遮蔽下，一位即席創作的歌手獲准在十二位水手面前練假聲，尖銳的手風琴加了進來，這些瘦弱的人跳著過時的舞蹈，鏡子映照出他們的身影，為了加強表現方式，他們誇大每個動作和腳步，讓我們自問他們是否在模仿某些人物，意在嘲諷或意在讚頌。他們相當樂在其中，居然膽子大到在平壤的交通要道盡情表演。歌曲在表演最後得到一連串掌聲，但之後整場集會的人潮隨即散去，各自回到開往郊區的遊覽車並堵塞在車陣中。

然而，不論是這場即興創作的表演或是冷麵都無法溫暖我們的胃和靈魂，我們無疑必須再喝更多的酒，勃根地酒應該很搭配這類型場合，之後來盤厚切烤牛肉以及蒜炒馬鈴薯佐海鹽，飯後來塊羊奶起司，甜點來塊櫻桃蛋糕（或是檸檬派）、巴西咖啡配上一塊黑巧克力？想傾聽故事的人願意花時間跟我們在一起，為回應對方的善意，我們也以相同的方式對待，這種情感稱為兄弟情誼，他們不會以冷酷無情的態度對待我們，而是好奇、寬厚善良，哪會有懷疑算計？但是在北韓這裡想找到這種情誼實在有如緣木求魚。在藍色的大傘下處處可見警棍的蹤影，宛如機器人一般動作僵硬的樣板兒童，海軍官兵剛從砲艦上登陸……

於是，我們成為待在旅館裡的囚犯。夜暮低垂時，島上通往外界的兩座橋皆以柵欄封住，我們形同被囚禁在這座垂柳環繞的島上，只能在沒有任何多餘的食物下過完這一天。無論如何，時間總會自動流逝，說不定連停佇在這裡的時間也覺得悲痛傷心，電視永遠播出固定節目，充滿著攻擊的謾罵和諷刺，不存在的工廠舉行了開工典禮，或是皓首白髮的教授沒完沒了的專訪（正對著一個鏡頭，看到一部分或是另一張矮桌，桌上正中央擺了一盆金正日花，穿著白襯衫的蠢老頭花了二十分鐘向一位穿著藍襯衫的愚昧年輕人說明一個理論，用誇張的手勢及模仿的姿勢來強調自己的理論，對於稍有理性判斷的觀眾而言，這種節目可說是名符其實的虐待）。更別忘了，幾乎每晚電視上都看得到一大群功勳彪炳的政府高官要員，這些魚肉人民的上位者從飄揚著紅旗的會場來賓席上站起來，他們笨拙而受寵若驚地望著偉大的領導人，忘情得像深受感動的孩子。我們得一直這樣看著，直到畫面不再有影像，只剩下收播後的雜音和螢幕上雪花般的雜訊，然後歸於寂靜，一切都關掉了，我們稱之為解脫……

在平壤這片沙漠裡，我任由自己像冷麵一般倒在床上，這樣也不錯。

怡蘭有著媲美鳥兒的天籟美聲，今早，她自天堂降落凡間。她離開了河岸，空氣中散發悶熱香甜的氣味。她在綠蔭下與敘事者偷食禁果。身形纖細優美的白化症患者在藍色夜光的掩護下偷了一艘獨木舟，潛進芳香之島的迷宮裡。他們做了些什麼？作者繼續描寫書中人物的所見所聞，情節也依此鋪陳。組成團隊的人物，寫成章節的故事，生命就像是長篇連載小說。

梅地亞國王一點也不小氣，他賞賜幾位槳手給他的追隨者，同時還邀請三位親信陪同無依無靠的達吉。依出現順序，這三位分別是莫伊，又稱巴布—德雷斯，他是傑出的說書人；巴巴拉亞則偏好引經據典，引述古典瑪地文學的句子，略帶高傲地說出名言，顯示出「浪跡天涯」的流浪性格；最後是吟遊詩人由美，「在包頭巾上飾以天堂鳥的羽毛」。他們跟著兩位歐洲人，一起航行在滿是白色條紋的海面上，船首頭像是一尊臉上帶著傻笑的淘氣男孩。奇妙幻想開啟了整個世界。

微風溫和地推波助瀾，他們並沒有浪費一分鐘的時間，金色球狀的小雲朵飄浮在天上，他們在一個盛產馬鈴薯的島嶼登陸。山谷溪澗水流不斷，島嶼由一位十歲的國王統治。國王坐在馱著他的啞巴侍從肩膀上，一行人出現在糖粉鋪成的沙灘那頭。頭上頂著幾片香蕉葉當遮陽輦，這位國王肆意地把背他的人頂上一綹頭髮當成操控方向的方向盤。國王向訪客表達歡迎之意，雖然他還只是個仍顯生澀隨興的孩子。這孩子國王任性又反覆無常，他堅持其中一位槳手的牙齒必須全部進貢，因為他看上對方美麗勻稱的牙齒，想要納入收藏。他的欲望成了命令，只能挑選一位倒楣的船員把他的牙齒全部拔光，國王希望用牙齒做成一串項鍊，他的夢想成了唯一的事實。但最後他卻忘記自己曾有過這樣的諭令，收到貢品時直接扔掉，這下可惹火了進貢的一方。孩子王的記憶大概和珊瑚礁的魚群一般，並不能維持太久。

達吉並未發現美女的蹤跡，只好繼續他的旅程。要不停地換地點，就像巴巴拉亞總是重複著一樣的話語。他總是對的。他們在潟湖邊緣的一塊綠色岩石登陸，這塊岩石看起來就像是隕石嵌進珊瑚礁裡，水沿著爬滿藤類植物及苔蘚植物的岩壁流動。冒險家們口渴極了，爬到獨木舟上方，站著仰頭飲用流水。水質相當純淨，浸溼了歐洲人的鬍鬚，也讓划船水手的胸膛發亮。這些水資源相當珍貴，埋葬十位毛利國王的墓地層層濾淨流水，這些國王死後即埋葬在這座岩塊上，除了對這片被海鹽灼傷的鏡面海洋做出美德貢獻，後人全然記不得他們的姓名和作為。每當甘甜純淨的水入口，就再度提醒人們謙讓的美德，少一分雄心壯志，多一分虛懷若谷，提醒眼前的一切終有一天將灰飛煙滅。

哲學家巴巴拉亞加註：「不論這些統治者是否曾經君臨天下，此時此刻都是平等的。」

在經歷長途旅程後，這些遊歷者的身心放鬆許多，他們預計待在瑪地或其他地方的時日只剩下一天，一旦抵達歐洲，他們就能全然放心。這樣更好！因為世界的盡頭是虛無，只要能說服自己一切都不存在，心靈就能重獲自由……任由身軀平躺微風拂面，任由水流承載自己的身軀，看盡世間滄桑及世界各個角落不斷上演的人生劇，更能體會施比受有福的真諦，心胸也更開闊，不再害怕表現自我，不論是划著獨木舟的水手還是海難中的失事者、受統治的子民或是國王、毛利人還是白人，每一秒都是全新的開始，每一天都是全新的人生，每一座島上都有新奇的發現，另一個群島總是更閃閃發光令人興奮，所以一切都是重新開始，再一次的開始。

北韓受到重重阻礙及繁文縟節的束縛，反覆說著同樣的政令宣導已經到了令人噁心的地步，我們也只能默默承受這一切。

自從回到首都後，金先生不知怎麼的總有一小綹瀏海老緊貼著額頭，對他而言，場子大小決定了活動的勝敗。在被稱之為是首都之心的凱旋門柱腳下，將有一場慶祝春天來臨的廟會活動。當晚開始，年輕人將聚集於此，拜金先生善於周旋、長袖善舞之賜，我們將參加開幕儀式觀禮。

事實上，這齣慶祝朝鮮王位的嘉年華早就行之有年，當局允許舉辦這類型的集會活動，主辦單位及參加人士無需取得特殊許可。讓我們把時間倒回前一晚：我們向導遊說明，我們不會為了馬戲團表演的折疊椅座位支付一百五十歐元（為了保住面子，金先生反駁說，很可惜在帳篷區也完全沒有任何空位），但依照我們的規畫，他還是得安排一段夜間行程，省得我們向旅行社抱怨，而且這個行程必須完全免費且安全。

晚餐後，三位金先生前來和我們會合，三人露出共犯的神色，一臉不在乎我們的表情。但終於有這麼一晚我們得以外出，我們抵達北韓以來從未夜遊過，感覺有點像是去冒險，逃離為我們四處鋪設的紅地毯（在這裡，白天時沒有人奔跑，沒有人大聲說話，沒有人開快車，沒有人在人行道及大馬路以外的地方行走和行車），擺脫不真實的感覺，終於可以不再是在飯店房間裡關禁閉的外國人。總之，有機會觀察到平壤真實的一面，除了夜色掩飾外，平壤將毫不保留呈現其樸實風貌，在夜色中了解到朝鮮人也知道要賺錢，也會鬼鬼祟祟、偷偷摸摸，或許有些沒有紀律。一旦光線昏暗或完全沒有光線，一旦警察在檢舉檔案的文件堆中沉睡，人們藉機向有關單位舉發叛徒、他們的黨羽及地下巢穴，尤其在月黑風高的夜晚，樓梯間的階梯就像鄉間小路一樣又深又隱蔽。我們離開大廣場，重新融入北韓人的行列，他們輕鬆緩和，充滿笑容，群眾中混雜著志願者，他們不是慢慢踱回崗哨就是在發放票券，一大部分的年輕人隸屬於政權的菁英階級，大膽放肆地盯著我們瞧，有些人甚至驚訝地對我們指指點點，或是臉上帶著嘲諷的神色。這些原本會讓人不舒服的舉動，反而讓我們大為振作。

在每個景點總是有人查驗特別通行證，穿過柵欄，那裡就跟其他地方一樣，充斥著喇叭的聲響和電子花圈。第一站是一個模擬射擊空間，幾位業餘射手坐在有拱形物保護的座位上，隨著金屬桅杆升空；另一個是一個明亮的旋轉飛輪，運轉速度驅動著懸掛氣球的吊籃，在遠處形成多彩的花束，十幾張椅子圍繞著一顆帶有六個分枝的星星在空中飛舞，先是緩慢運行，之後速度越來越快，女孩們在我們頭頂上方尖叫，向我們展示出她們如象牙般白皙的小腿。

我們有些遲疑，究竟該玩哪一個遊戲才不會顯得我們既病態又荒謬？釣鴨子遊戲嗎？遊戲者拿一個吊鈎，要在大塑膠盆裡裝上最多的家禽。最有男子氣概的攤位吸引我們的注意：拳擊練習，電動玩具，電動迷你保齡球……我在射擊練習的泥鴿投射器前停下來，想試玩一下展現身手。遊戲用的短槍沉重厚實，用繩子固定在螢幕旁，握緊的感受好似手上握了一支真槍。我的旅遊團成員圍繞在我身旁，個個都很好奇。這個白人在這裡做什麼？他自以為是藍波嗎？我必須要選擇級數：入門等級、業餘等級、專家等級。金先生還開玩笑似地把標示尺撥到專家等級的最大極限：瑞士山景，一大片草原，還有英式草坪等很有風格的景色，全部出現在螢幕上。

「尚先生，準備好了嗎？」

類似盤子的推進器內附彈簧的機器支臂，開始在我面前拋擲象徵鴿子的陶盤，一、二、三、四，投擲了四次。

我脫下拉鍊夾克，找到身體的平衡點，以肩膀的凹陷處穩定手臂，這是我從身為前上校的父親身上學到的，我們曾在塔那那利佛的尤加利樹林中練習獵槍射擊，之後在貝里省接受軍事訓練時，我帶著Mas 49-56半自動步槍完成射擊訓練。觸及扳機時我會停止呼吸，目標物呈曲線上下飛行的時候都不是扣下扳機的正確時間，扣下扳機的正確時間點是在目標物下降之前平穩移動的最後一刻。

大夥兒圍著我看熱鬧，遊戲就此開始，所有目光都集中在螢幕上，目標物自右方或左方出現。頭幾回的投擲相對單純，之後出現雙重目標，最後則是多重目標自各個方向交叉輪替出現。在扣下扳機之前，我的槍管緊緊跟隨著目標物移動，一隻接著一隻消滅了目標物「鴿子」，爆炸聲的感覺很真實，武器也沒有太多後座力。在十五回合後，螢幕上一堆煙霧前出現了一萬五千分的積分訊息，最後機器閃爍個不停，出現了老調的戰勝宣言：玩家獲得最高分並可免費再玩下一回合。

好奇的氣氛蔓延開來，同時還夾帶著認同與訝異，金先生可說是目瞪口呆！他之前是小看了我，只見他謹慎地將瀏海塞到耳後，幫我重新歸位遊戲中使用的來福槍之前，還特地拿在手上掂掂斤兩；金先生二號則跟在我們後面結巴地說，他也從未想過尚先生會有這樣尚武的一面，他們很明顯是看輕了我。

我們穿過層層人群，來趟旋轉木馬為今晚留下一個美好句點嗎？不用了，這聽起來不太吸引人。在剛剛的勝利之後，我現在可說是走路有風，好似一顆亮眼的新星，不再隱沒在芸芸眾生裡。十五發子彈，一萬五千分，真是不錯的成績！

「您在哪兒學習射擊的？」金先生甘冒風險，在我們上車之前走到我身旁詢問。

「在法國服兵役的時候。」

「隸屬於菁英部隊囉？」

「並不是。您不會相信的，我之前在依芙里堡服役，隸屬於部隊中的電影康樂組。」

「這是什麼意思？」

「我剛剛演完了一場電影，金先生。」

是的，一場電影。

就像毛澤東和列寧死後一樣，後人也沒有下葬「全方位的人道教授」金日成。一九九四年，他的大體以防腐香料保存起來。花崗岩和大理石裝飾著他的紀念堂，那兒曾經是他發號施令、執行鐵腕統治之地，如今成為他的陵寢，被稱為錦繡山太陽宮，他的屍身做成了木乃伊被保存在表層是玻璃的石棺裡。外國人要瞻仰遺容只限在週四及週日參觀，而且必須全程保持靜默。

金先生煞有其事地告訴我們，一定要穿著正式服裝，西裝、襯衫、領帶、粗布長褲以及包鞋，絕對不能穿牛仔褲和Polo衫！克洛漢的服飾行頭相當齊全，我則是什麼都沒有，既然是參觀的規定，我的導遊借我一條（紅色）的領帶以及一套衣服，以防我的夾克材質有些「小爭議」。我們的北韓隨扈們個個盛裝打扮，頭髮梳得整整齊齊，還上了髮蠟。雖然個個看起來造型完美，卻難掩緊張神色。

我們抵達時，來自外省各地的朝聖者正列隊進入一座龐大的建築，這座建築四周有花園和葡萄園圍繞，還有護城河和阻車閘護衛。不知是出於善意或是出於命令，參觀的朝鮮公民分成四列前進，男性身著維尼綸的制服上衣，或是與領導人雕像雷同的暗淡服飾；女性則是頂著一頭燙捲的髮型，拿著提包，大片襯裙沙沙作響，神情嚴肅。大部分的人手中緊握著花束，每個人都顯得相當膽怯，看起來都像在沉思冥想。在領導人的陵寢瞻仰遺容可說是相當神聖的一刻，因為北韓只有一位國家英雄，而這位國家英雄就在眼前，他正是神話中尚武戰士的後代；其次，極少有外界消息能成功滲透進入北韓，大部分的北韓基層民眾並不知道人類已經能在月球行走，或是世上曾有過貓王艾維斯．普利斯萊。在他們生命之中唯一可以遇見的偉大典型，將具體呈現在他們眼前。北韓人民生活在減法的世界中（他減去世界等於他），在瞻仰英雄國父的朝聖之路上能感受到強烈崇高的情緒，整體氛圍令人動容，參觀者即將看到的不是一具神聖的遺體，而是逐漸接近一位全能合一的北韓人，曾經在歷史上卓越超群、超乎常人的奇人。九十公斤的肉體昇華，成為宗教聖體。

為了檢查各式各樣的文件，我們被留置在候見室。我們有想過為「受壓抑人民的紅色太陽」獻上花束嗎？並沒有，算了。身負禮賓重任的特派員陪同走在前方的迷你代表團，他們的步伐都十分莊嚴肅穆。克洛漢和我走在中間，感覺很像是外國使節。每個人都默不出聲。

第一關安檢搜查時，我們必須掏空口袋裡所有的物品，我的同伴從口袋裡掏出一包面紙和一個迷你包裝的柿子乾，全部被沒收。接著拿來一張裝有感應刷頭的電動地毯，先是清潔鞋子及褲腳折邊，第二次則是清理鞋底的細菌。穿過X光大門之後還得通過其他的考驗，這些特勤人員穿戴乳膠手套進行第二次搜身及金屬探測……最後經過半公里長的電動輸送帶，以及給人感覺逆流而上的手扶梯，大夥兒身軀僵直得像是蠟像娃娃，我們看見一些北韓人從反方向過來，一個接著一個魚貫而下，神情淡泊堅忍，一些人在哭泣，因為得到真理的恩澤而心生感動，而他們剛剛參訪過的迷宮般的展廳正是我們的目的地。他們的神態彷彿在宣告：「我們在參訪過後都體會到一些東西，而你們還沒有呢；我們已經了解一切，但你們什麼都不懂；我們的靈魂因領導人的偉大遠見而聖潔，但你們的靈魂還是汙穢不堪；請保持尊敬謙卑的態度，你們就會學習到這一切，就像我們一樣。」

終極的考驗來了，設有抽風送風裝置的獨立小房間可以帶走每一粒微小灰塵及腐爛氣味，風力之強勁，以致出來之後我的頭髮被吹得朝天直豎，神情也有些呆滯。最後終於抵達了目的地樓層。這個樓層的燈光微弱，守衛人數非常多，每個房間都有工作人員以目光隨時監視、尾隨及陪伴，直到參觀者走出房間回到走廊，而一踏進走廊，馬上就有另一組人接手相同的監視任務。背景音樂〈將軍頌歌〉自深處緩緩流洩而出。人們身處參觀者的四行列隊之中，以堅定但不算雄渾威武的步伐緩緩向前，雙手放在身側，頭部稍微抬高但並沒有過分揚起，臉上帶著一絲壓抑的微笑。在進場之前，人們必須在「最高愛國者」的巨大雕像前致意。這個雕像的體積大到讓人有種排山倒海來襲的壓迫感，但它在材質粗獷的玫瑰色光暈下還是能伸出一隻手對群眾表達感謝祝福之意——這是領導人自天堂捎來的旨意？之後進入一個拐彎處，背景音樂越來越大聲，在一個房間中有個讓人進入的洞口，我們被洞口吸入。接著眼前出現一大片教堂似的祭壇，天花板突然向上升起，牆壁自動分開，我們看到一具沉默的遺體在裡頭沉睡著，好似懸浮在灑落的天光下。

棺位周邊的石板閃閃發亮，遠遠看彷彿是被淚水濡溼，朝鮮子民的淚水從未流盡。

眼前的景象令人震撼……

此時此刻，眼前出現了一幕讓人感動和動搖的衝擊畫面。在你面前，所有參觀者都因震驚而倒下，彷彿就像當事人家屬因無法接受突如其來的打擊而在意外現場倒下——景象直接衝擊而來，像是有一輛時速一百公里的砂石車壓過人群，將他們的身軀絞擰磨碎。

是的，偉人在參觀的北韓子民的鼻下永眠，幾乎觸手可及，他曾經活著並且死過一回，朝鮮人民打從孩提時代開始，生命中的每分每秒都聽著他的教誨，他曾經存在，也永遠是他們的模範和典範，因此人民在委員會領導人的指揮控制下，不辭辛勞遠道而來，天還沒亮就早早起床擠進遊覽車裡，拖著疲憊的身軀，忍受著長途的顛簸跋涉六百公里，為的只是能在大理石走廊的出口看上領導人幾秒。

一位婦女身著黑色韓服，手裡拿著麥克風，帶領眾人緬懷領袖。她的聲音高八度，彷彿出身自光耀劇團（Illustre Théâtre），說著說著還不斷抽噎哭泣。有人借給我們耳機，好讓我們聆聽以法語錄製的紀錄片。

我們的心底也感受到眾人的震驚，遵循工作人員的指示繞行木乃伊一圈，沒有人出聲。木乃伊的皮膚已經乾癟，皺紋橫生，頭顱像是一顆被放置在枕頭上的灰色石頭，眼皮彷彿被膠水封住，身軀僵直，聳肩縮頸，被人硬塞進一套配有領結的黑色西裝；石棺掩蓋了四分之三的遺體。我們遵從禮節，向遺體鞠躬致意三次，之後並未離開隊伍，眾人繞行一圈，自腳部開始分別在遺體右側、頭部和左側停下來，相當儀式化的過程，也非常荒謬，但是令我想要笑出來的念頭已然消失，畢竟這個人已經離世十七年，即便他曾經是個很有想法的天才獨裁者，如今也只是一具死屍，和其他屍體沒有太大分別，被填塞了許多棉花及聚苯乙烯。我突然驚覺自己居然向他致意……只不過，小心別違反謁靈禮儀！我只不過把手放在背後，一位在場工作人員便要求我修正姿勢。

「亞洲人不會擺出這樣的姿勢！」金先生把我放開，我的表現讓他不太驕傲。

我們要離開了，我們終於可以離開了，這位偉大領導人的魔力反而在我們心中消失得無影無蹤。我們必須下樓去。我們看見了些什麼？一尊蠟像人體模型，如同鐵絲般的髮色，嘴唇像白紙一般蒼白。浸在油膏中的金日成，打了幾針之後就會恢復活力。不，他們向我們保證，這是「人道之父」的遠古木乃伊！

一旁的小房間則是延伸的畫廊，展出許多金日成接受祝賀，以及與利比亞領導人格達費、古巴領導人卡斯楚或是阿薩德在正式場合會見時互相擁抱的大幅相片。我們必須停駐片刻簽署參觀者留言本。房間內有二十張書桌，其中兩張桌子上放置著兩本留言本。留言本以皮線綁好，看起來既厚重又龐大，桌上還放置著一組筆架，一張吸墨紙，以及一塊帶著吸墨紙的墊板。我在一間掛著冰河及潔白無瑕雪景壁畫的巨型房間裡坐下，和克洛漢一樣在尋思，這樣偉大的人物究竟給了我什麼靈感。最後我以平淡的風格寫下：「一位參觀者向北韓主席致意……」

就這樣我寫完了感言。

太陽宮大總管詢問我的導遊，這位繫著紅色領帶的大鼻子寫了些什麼感言？

金先生照實翻譯，顯得相當為難，大總管則因為十分不高興而蹙著眉頭。這樣的留言可不行，完全不行！我忘了加一個形容詞，我必須在祝詞裡加上「永遠」，永……遠！要是北韓人忘記在留言本上加上「永遠」兩個字，是要直接被送進勞改營的。

我可以將兩個字加上去，但必須和我剛剛寫下的文字相連在一起，好似硬在中學生下巴裝上智者的假鬍子。在修正之前，我不能離開這裡，我必須加入「永遠」這兩個字，下頭還必須寫上我的名字、居住城市和國籍，旁邊還有一張翻譯小卡。我真心覺得這個只會空談、毫無實際作為的政權，早在很久以前就已經失去一切，尤其是靠武力及恫嚇完全無法獲得人心。金氏王國始終是一個充滿偏執狂的國度，在地底下埋布他們編造的謊言，像人工呼吸一樣用盡各種手段，讓人民一直扮演受害者的角色。沒錯，擺在眼前的一切和永恆的光環以及當局宣稱的幸福生活都大相徑庭，所有事物都是宣稱的、裝出來的，也都是被強迫的，別針釘上去的。來吧，大家寧可鋌而走險也不要再說出「永遠」兩個字，拒絕在留言本上寫下這兩個字，在對話中留下空白，在陵寢前的廣場盡情地冷笑，之後這位夸夸其談但無真材實學的人自然會退縮。這具以稻草填塞的屍體——嘴巴卡在一層層的玻璃下，只剩下乾枯的外殼，就像是沒有氣泡的鳳凰牌啤酒，應該任由它腐爛，不再注入任何調製劑和安定劑。沒有傳說，沒有神話，一切將開始崩解，機械工程師、照明師和演員得以抬頭呼吸第一口自由的空氣……

石棺右方上面的少許水氣究竟是從何而來？

☀

早上十一點，我對著三位和我同樣固執的金先生不斷重複以下這段對話：

「我想參觀美術館，今天有開放，我們還有時間，我也會付費。」

「不在行程規畫裡，也沒有取得參觀許可。」

「我之所以對美術館感興趣是有更高層面的考量，而且可以吸引觀光客，法國人都是業餘的美術鑑賞家。」

「不在我的行程規畫裡。」

「參觀美術館是為了工作需求，為了安排未來客戶的行程，你們了解我在說什麼嗎？」

「我們會參觀一號商店，裡頭有許多小家電，一號商店對面是人民書店，裡頭有許多描繪人民革命的手繪海報，可以……」

「給我十五分鐘。」

車子在金日成廣場停了下來了。大型集會遊行時，那兒會有超過五十萬的民眾集結。我假借在廣場拍照的名義下了車，人一站出車外，立即朝對角線方向拔腿狂奔，脫離我的旅行團，不顧一切全速向前衝，沒多久就甩開了無時無刻監視我的三位便衣警察，朝著博物館建築正面的護城神像不停地奔跑。

金先生一號和金先生二號發現到我的企圖，他們立即跳下車子，開始在後面追趕。但我超前他們有一百公尺之多，已經穿越了廣場前的台階，推開大門直衝門房要求付費參觀。門房驚訝極了，從未想過會有未預約的旅客自動上門要求參觀，她有點手足無措，拿起像小女孩玩具的綠色電話，打電話給上級請求指示。我在辦公桌上留下兩歐元，準備參觀有水晶吊燈的展示廳。

金先生進門時顯得氣急敗壞，我的脫序演出令他顏面盡失，一綹瀏海悲情地吊在半空中。他趕忙打電話給警衛和管理階層，請他們協助把我給揪出來。不不不，我才不會輕易放棄，在參觀完這間博物館之前，我絕對不會離開這兒，再說我已經在這裡了，在樓梯高處，我不會向後移動半步，除非對方像美式足球員那樣正面衝撞我。金先生應該不會採取這種舉動，畢竟在場有這麼多目擊者，而且如果我們被逮捕，就會有無止境的審訊，警察及國家安全保衛部特務都會介入，會惹出一堆沒完沒了的麻煩事。

「我從來沒碰過這種事，尚先生，您這回真的把我給惹毛了……」

「我管不了這麼多！」

最後我成功了，我的導遊以及一位攜帶紅色尖端指示棒的女性館員（萬一我的眼神亂飄，將視線飄向不該注意的東西，她可以用手中的指示棒指示我該看哪裡）亦步亦趨地跟著我。之後克洛漢也加入了我們，早先發生的情況讓他露出厭煩的神色，但他還是保有一貫冷淡傲慢的態度。

「參觀時間不得超過十分鐘，好嗎？不然行政單位會找我麻煩，博物館也必須上繳報告。」

我們走進展示廳，隨著我們的腳步，地面層及一樓展示間的燈光也隨之亮起，因為當天沒有其他的參觀者，毫無疑問，整個禮拜都不會有其他參觀者。雖然先前的不愉快讓我有點失去理智，我還是看到了超過一千幅畫作。這些畫的筆法矯飾誇張、因循守舊，許多畫作的篇幅甚大，原木裱框上還有黃金葉片裝飾，就像是林布蘭一樣。讓我們來打賭，畫作的唯一主題只有金正日或享有絕對權力的主席金日成，也常常看到兩人同時出現，閃耀著光滑的玫瑰色澤，比畫布上任何人物的身形都還要巨大（這些身強力壯的人物頭髮都很短，面容方正而年輕，態度果斷大膽。至於年輕女性都相當美麗卻帶著孩子氣，人們會認為她們是志同道合的同志而非女性），將手放在背後，手臂伸直（看哪，孩子們，未來前途一片光明！），在田野中、城市裡，在前線戰場，在游擊隊中，以平民或是軍人身分，嘴角掛著微笑，在麥田中、玉米穗、綠色稻田，在火山湖和叢山峻嶺之中，有塗釉上光般的晨光以及彩色畫片般的暮色，背景通常是冰河、瓦製屋頂、大量的金正日花和金日成花、樺樹林或掌狀葉的楓樹林，自雪景中泉湧而出的河流，輪流出現的聰明小男孩、熱情的成年人士、沉思的男性、有智慧的祖父，夏季就像是冬季，戰爭時節就像是和平時節。

總之，二十世紀及二十一世紀的兩大明燈以各種不同方式、視角、姿態以及不同的名目來呈現，藉以代表現實主義──社會主義的勝利，顛倒是非，散布樂觀主義，以欺騙手段宣傳資訊……除了本國訊息之外，完全不允許外界資訊進入！令外人驚訝的自以為是，極權統治的「自我中心」思想，程度之嚴重一開始令人發噱，最後只讓人感到厭倦、反感、灰心和沮喪！

「您還喜歡嗎，尚先生？」

算了，無所謂，我其實是期待不同於這一連串不知所云的作品，我想要看的不是這些簡單的山水風光、鄉村風景、帶點亞洲風格的印象派作品，或是受到中國或日本影響的印象派畫作，纖弱的松樹以及細緻的浮雲。我多麼希望看到的是埋藏點燃藝術變革的引信，以迂迴隱晦的手法、色彩和分解的圖像來批判獨裁者……

就這樣我離開了美術館，受夠了無所不用其極、糾纏不清的宣傳手法。光線照耀整個空間，光與拱廊的陰影交錯畫出完美的方形棋盤。廣場帶點超現實畫派大師基里訶（Giorgio de Chirico）的風格，忙著清掃廣場的志願者則變身為迷你棋子。

我回到車上，剛才的鬧劇讓導遊們相當不滿，每個人的臉色都陰沉得可怕。車子往一號商店的方向前進，成組的電冰箱和中國製的食物攪拌器等著我們上門光顧。現在的我的確需要一些工業製品，好讓混亂不堪的靈魂安定下來。

克洛漢選擇在此時發表決定性的言論：

「你們讓尚先生參觀美術館的決定是對的，這間博物館真的很值得參觀，金先生……」

☀

又是《瑪地》，這紙上群島是我的心靈避難所。我將自己隱藏在這些文字後面，這是我的祕密，隱含在處處受限的現實旅行之中，自己還能有個順暢無阻的心靈之旅。

現在我們身處何處？在這條好不容易終於通車可直達西部水壩的八線道高速公路上，或是在一座河岸邊種滿了散發「令人想起緊閉的雙唇」香氣的番石榴樹的美麗小島上？兩者都令我心情愉快。然而，思索目前為止看到的所有事物——藝術作品、停戰和解的紀念拱門，在淒涼的會議廳內觀看讚譽英雄的錄影帶，影片中有上萬名工人及幾百部挖土機為了滿足三位優比王（King Ubu）[12]而投入浩大工程的考驗（抽乾沼澤地、設立堤壩和閘門，好讓人類可以開始在此聚居，一旦人群聚集就需要以口令、計畫和必要性加以箝制），相較之下，我寧可選擇小時候連載漫畫裡那一大群沒穿衣服的國王，嬉戲玩耍的小王子們，這些初出茅廬的小伙子在永晝的陽光下無拘無束，頭上戴著花朵製成的王冠，游泳和跳舞樣樣精通。還有漫畫裡的蝴蝶娃娃，它們會攀上竹編的轎子，夢想進入蓊鬱的椰林，此時落英繽紛的扶桑花瓣像是鮮紅甜膩的血跡四處飄散，海水拍打著礁石所發出的浪濤聲以鹹鹹的氣息為每個人戴上光環。

話說梅地亞君主在兩個停泊地之間的海上旅行途中，放棄了他充滿責任義務和禮儀的身分地位。他丟掉骨螺和小貝殼所賦予的教皇職權，丟掉精雕細琢的王位權杖，丟掉以魔鬼魟的魚骨所製的護胸鎧，決心以故事敘述者為典範，連白達吉贈予的全副甲冑也都拋棄了。當國王？一位半神半人？所有一切都是徒勞枉然！還是做自己，追隨這些海上流浪者的腳步。換句話說，只要我們懷著與這位陌生人相同的好奇，就算去了諸小島一千次，每次去都還是能感受到每座島嶼即將以不同的方式重生。是的，在不斷變化中也能找到寶藏，接受這些想法重新開始回歸自己，與變化多端的大地、夢想及故事寓言為伴，放下沉重的負擔，放下歷史賦予的責任，去喜歡四面八方的每一件事物，

12 優比國王是阿弗列德・傑瑞（Alfred Jarry）同名劇作筆下殘忍而膽怯可笑的國王。

不停地歌唱跳舞，一切是如此透明……

獨木舟消失在暮色中，他們已不再記得地峽景觀及剛才經過的淺碧色洪流。應該要接受現在的我已不是從前的我了嗎？他們等待著地平線的蛻變、可能出現的斷層及寶藏。清晨時分，他們的臉龐無意間映照在陌生潟湖的水面上，他們的臉龐已不同於過往。

如夜空星辰般明亮的怡蘭到哪兒去了？或許在植被繁茂的歐荷奴島，身上有刺青的衝浪高手在粗糙的衝浪板上滑行於滾滾浪花間，看到他們能保持平衡，眾人歡欣鼓舞的呼聲自前頭傳來。我們想與這群驕傲的雜技演員結伴同行。

打從一開始我就不太相信眼前所見所聞，一切實在是太美了，過於精雕細琢、太過完美。草原中以幾隻狀似沉思的乳牛點綴，擺上裝滿澄澈清水的牲畜飲水槽或是成堆的新鮮肥料，最後再加上一條充滿花朵的水泥小巷，只差一點點的灰塵，就能成為萬景台集體農場的田園畫。所謂的金日成主席的出生小屋坐落於距離首都十二公里外，一切看起來相當正常清爽，反而令人感到有些錯置。

三棟外觀樸實的建築都是泥土牆面及茅屋頂，還打掉其中一面牆，好讓參觀者像是參觀百貨公司櫥窗一般輕輕鬆鬆地一窺究竟。入口處繫了禁止遊客進入的繩帶，但我們仍能從外面瞄到室內情景：所有農務工具都依大小順序排列，草蓆捲好並用繫繩固定在擱板上，那個時代的報章雜誌整齊地堆疊在架上，他父母親的肖像被加以修飾，並裱褙好裝入上漆的木框，這些畫像放在書架上成為裝飾。前頭的庭院整理得相當乾淨，但令人驚訝的是，沒有人在房子裡或周邊地區生活，沒有耕作中的田地，沒有堆放乾草及農作物的穀倉，也沒有圈養牲畜的場所。這是一棟在整齊乾淨的草原中間竄起的「農家」裝飾，可說是瑪麗安東尼式的田園牧歌。「石頭滑環」被恰如其分地安放在周圍空地，是主席孩提時期用來鍛鍊體魄的工具。「石頭戰艦」則是他建立朝鮮革命策略的地方，這個區域完全屬於他的地盤，他在孤立的矮林、松樹間的小山澗，以及河面上的亭閣山丘之間了解自己的命運，他是橫空出世的少年奇才，令人驚豔的流星。幾座紀念碑讚頌了他的真知灼見，我們繞行其中，心生疑竇，畢竟這一切都被安排得太完美，像五線譜般完美。

代表團成員為了一定要拍的照片等候許久，新婚夫婦也是。所有人都盛裝打扮，不是穿著西裝就是韓服，胸前別上胸針，因為這是個相當重要的場合。每個負責重現國家大統領老家景物的人，可能都已事先認真思考研究過這些鍋碗瓢盆和掃帚簍筐，藉此展現出農耕社會的必備道具，並呈現日常生活的場景，在這塊鬆軟肥沃的樸實土地營造出虛張聲勢的火花，進而創造政治正確的世界。

最終我們還是屈服了，這次的參觀行程充滿了許多拙劣的藝文作品，讓克洛漢樂不可支。

「這就好像維琪政府的再版，土地是不會騙人的，不是嗎？」

「稻田更不會騙人，元帥大人。」

才踏進來參觀沒多久，我們就打算離開了，本來預計花一早上的時間，最後只花了三分鐘。早上十一點，炙熱的陽光照耀著草坪，我們沿著河岸旁的山毛櫸樹蔭向前行，河流則不斷向下沖蝕，形成曲折蜿蜒的河道。

金先生建議：「兩位請慢慢來，慢慢散步欣賞風景。」

這倒是入境北韓以來他第一次沒有催促我們。事實上，今天的行程有些變動，在下午一點之前，我們都沒有任何行程。該上哪兒吃午餐呢？旅館外頭有一間串燒餐廳，是在參觀完革命烈士陵園後的回程路上。革命烈士陵園位在種滿紫杉林的山丘上，是一座挖空山丘而建的壯觀圓形樓廳，每位英雄都有專屬的牌位，裡頭還播放著肅穆莊嚴、意境悠遠的音樂。安排在下榻飯店以外的餐廳用餐簡直可以讓我們的導遊團辦起派對，因為他們可以跟著一同吃香喝辣。只不過有些突發狀況讓這個夢想落空，之前吹噓過頭的羊臀肉無法送達，冰箱的庫存也不太夠，金先生二號開始講電話，另一位金先生則不停搔頭，同時露出不知所措的微笑，一時的煩躁和神經質讓他的左腳不停顫抖。

「當我們找到米酒的時候……」

「紀念品店就有，不是嗎？」

我們對甘泉天然氣泡式礦泉水、搖動的信號旗以及中國製造的民俗風洋娃娃，全都視而不見。

「我們可以參觀一下金線保齡球館嗎？」

「路程太遠了，況且現在已經關閉了。」

最後因為行政程序的一片混亂，導遊在靠近閣樓的地方放我們下車。

「一小時自由活動時間，兩位請便吧。」

他們已經不知道還能幫忙安排哪些行程，也無法再引起我們的興致，況且開著一台車在路上亂晃也很危險（他們有多餘的汽油可以載我們背離既定行程四處閒晃嗎？），把我們放在另一間餐廳也不妥（第二間餐廳是北韓首間開業的披薩店，地點在大同江東岸，我一直很想去），畢竟餐廳並沒有計算我們的分量，也沒被告知將有訪客上門……一點意外差錯、去找人協調、討論結果沒談攏、要再檢查、什麼錢該誰付，這些瑣事把他們卡住了，他們在等一通能讓所有人擺脫這種窘境的電話。我們已經聊到不知道還能再聊什麼話題。眼前還有時間要打發，可是我們實在無能為力，無聊得發慌，卻還得撐過這段悶死人的時間才能繼續後面的行程。大同江流經我們所在位置的下方，江水灰褐又湍急。

我坐在石椅上，像卡佩王朝[13]家族的死者臥像一樣躺下，雙手交叉放在腹部，直挺挺地躺著。忘卻眼前這個公園，我可以神遊其他的公園，前去其他的亭台樓閣，在記憶中抹去這個令人難以忍受的人民共和國，讓其他人帶著優雅的機械式動作在巷弄間人間蒸發。我遵循著讓主席成功致勝的冥想步驟陷入

13 卡佩王朝（Capétiens）是由卡佩家族的于格．卡佩（Hugues Capet）所建立的法蘭西王國的第一個王朝，上承西法蘭克王國的加洛林王朝，下接瓦盧瓦王朝，自九八七年至一三二八年間統治法國。

沉思，讓所有事物迎面而來，順勢融入洪流之中隨波逐流。一開始，風像是裹屍布般將我緊緊包圍，輕觸肌膚時帶著些許泥炭味。耳邊不斷迴盪著聲響，空氣中充滿了粒狀物，也許有一艘平底大駁船的錨靠著三十公尺的錨鍊一點一點地不斷抬升。也許在松林和山毛櫸之間打個盹兒休息一下，乘著石舟神遊一番，有助於抽離眼前的混亂。我的手突然滑下來，觸碰到流水，我睡著了。

我睜開雙眼，時針和分針已經走了一圈，我比剛才老了一小時。風勢更強勁了，枝頭樹葉的颯颯聲響更加響亮，藍色的天空像陶瓷般清澈透亮。許多活生生的靈魂圍繞在我的石凳旁，我不打算起身，頭有點暈，有種美妙的感官享受，一時間不知身處何方，連我都忘卻了自己，全然沉浸在不斷循環產生的虛無裡，橫跨過由吉光片羽累積而成的時光之河。相同的循環不斷重複著，我失去記憶、沒有未來，週而復始如制式化的機械。此刻的我遠不如一隻攀附在由細枝編成的木筏上的昆蟲，隨著未知的流水，漂向廣大的草原和長滿燈芯草的溼地，前往一處蜿蜒的河道和小海灣。假若這就是我多年來以不同形式追求的旅程，這回我將抵達最遠的邊境。夜暮低垂，對面的山壁就像是一張開了口的紙，放任藍黑色的泥碳礦石露出地面。我坐在不知名丘陵的石椅上，曝曬在毒辣的驕陽下，最後只能無奈地站起身，繼續我的旅程……

克洛漢對最後幾天中央醫院的參觀行程提不起興致，他選擇待在停車場，由他的忠實良伴雷納爾及瓦樂希的著作陪伴他度過枯燥的等待時光。院內醫生陪同我大步走訪整棟醫院，隨行人員包括一位彬彬有禮、機智聰明的醫生、一位女性記錄員以及金先生。我們都穿上醫師長袍、鑲邊軟帽以及柔軟的便鞋。

依照行程規畫，我們可以參觀電療針灸室（大約幾十位穿著淺藍色睡衣的病人俯臥著，背上插滿了連著電極的針頭，另一頭則連著運作中的迷你系統）以及拔罐室（和電療針灸室雷同，和玻璃杯知名品牌杜哈雷暢銷款相同大小的紫色小玻璃瓶插滿患者的皮膚，讓患者看起來活像是長了水皰的火星人——不必害怕，我們是懷著和平的心情到訪此地，喔，地球人，這叮噹聲就是我們的語言），最後則是圓錐形的房間，裡面充斥著易燃的粉狀物、香脂及油膏，踏入房門時我也發現每位病患的皮膚上都塗抹著這些東西並點火燃燒，渦形煙霧四處瀰漫，大部分患者咬牙忍耐燃燒的灼熱感。他們向我保證，這種醫療方法的成效不錯，在做過若干基礎療程後，大部分病患的症狀都能緩解，也能出院返家，幾千年來有許多人見證這種亞洲療法的成效……

打從踏入醫院，我的發言只要經由金先生翻譯，就全部都被記錄下來，醫生的回答也被一五一十記載下來。當然最後這位醫師也承認這種療法不見得能治百病，但他的同事還是遵行古典病理學理論研究出治療方法，療程中也使用麻醉藥和抗生素。參訪行程結束後，我對接待的醫師表達感謝，同時也致贈事前偷偷準備的外科手術急救袋（裡面包括手術刀、手術縫線、止血敷料紗布以及導管）以及藥品箱（裡頭裝的全都是西方化學製藥）。在北韓無法取得大部分的基礎藥品，因此他心懷感激地接受了我的贈禮。

百花廳裡舉目所及只有淡紫色蘭花科的金日成花，以及鮮紅亮麗貌似秋海棠的金正日花，成千上百不同品種的花朵裝飾著牆面和天花板（花壇本身自成一座迷你花園，裡頭裝飾著陶土或青銅製的小雕像、青蛙和鳥兒，這些雕像散布在仿大理石材質的噴水池旁，水池上頭有一張大家熟知的人頭像）。我們一行人完成最低限度的繞行，結束參訪行程。

掛毯博物館則是強制規畫的行程。金先生感受到我們對這個景點有些裹足不前，於是警告我們：「假若你們不參觀，會給我惹上麻煩。」但我們最後還是搞砸了他的計畫。我們在參觀過程中呵欠連連，像是下巴要掉下來一般，完全沒有對（生氣的）導遊提出任何問題。導遊先是在我們前方碎步疾行，之後我們卻超越了他，導遊最後是走在後方，金先生見狀只好搬出有緊急狀況的藉口……最後我們沒有參觀畫室，也沒有踏進以主席名句題字的榮譽廳就匆匆離開了。離去時，他們還在背後呼喚我們呢！

我們倒是參觀了人民研究院裡頭的廳室、壁畫、室內自動電扶梯，以及多達三千萬冊的藏書，其中建築的側翼全部用來收藏金正日的作品集，五十本書籍有世界各地的語言版本，以清亮的藍色封面裝訂成精裝書。在外語藏書部聽到錄音機卡帶流洩出的茱麗葉．格雷戈（Juliette Greco）的歌聲時，我們的確被打動了，她的歌聲在閱覽室不斷迴盪：「巴黎在滑落的雙手中跳躍／警察並非你的朋友／妳穿著顏色亮麗的短上衣／妳並非乖乖牌，但這樣也不賴」，而我們並不在乎四處瀰漫的憂傷氣息。桌面上驕傲地展示了一些法語藏書（估計都和金正日有關），一本瑞士法語區食譜，以線圈裝訂的阿爾卑斯山植物攝影集，一本精確描述機械工具電機構造的書籍，這些書對我們的用處都不大。

至於兒童活動廳則是在面積五萬平方公尺的土地上，羅列一整排五百個房間的大型場地。我們在裡頭玩了一下遊戲，觀賞身穿制服、頸繫絲巾的員工演出的開拓者劇碼，我們大聲鼓掌叫好。不同樓層各自有不同的課外活動教室，一旦我們開門，教室裡的學生就會自動形成三十人一組，開始像梅紐因（Yehudi Menuhin）[14]一般拉起小提琴，像拉斐爾一般作畫（在A3大小的白紙上，拿著蠟筆畫出十二組的鼻子或是耳朵），或是練習韓國合氣道或跆拳道，總之就是各式各樣的活動。這層樓的教室裡有人演奏鋼琴、木琴、詩琴及練習書法，更遠的教室裡則有人練習傳統舞蹈。每一組學童都充滿了熱情和驚人的活力，這些小小金先生都相當聽話服從，也都相當用功，他們出現在活動

14 美國猶太裔小提琴家暨指揮家。

廳顯然是出於自願，希望可以利用閒暇之餘學習其他專長。儘管如此，在房門闔上之際，音樂聲卻戛然而止。難道他們的表演都是倒帶重播嗎？

☀

在離開北韓的幾個小時前，我們取得了參觀朝鮮電影文化城的許可。對於這個突如其來的轉折，究竟是行政部門施恩，還是導遊想趁旅程尾聲賺點小費就不得而知了。

電影文化城位於平壤郊外十六公里處，坐落於山丘上，園區裡包括幾平方公里的迷你城鎮，每個街區的風格皆仿製國外城鎮。因此當地的電影工作者再也不必踏出國門，電影文化城裡的場景應有盡有，政府也得以完全掌控文化城裡的拍片情形，一年大約可完成三十部影片。

在另一位導遊的陪同下，我們終於可以進入園區，盡情參觀每棟房子、建築、道路及知名大道。其中日本「城鎮」最令我們津津樂道，它的造型仿製四〇年代，這個想像中的景象搭建得相當完美，周圍的三、四條道路讓整體造型更加完整：每一條路都鋪設有人行道，還有電線桿及交通號誌燈，商店街有銀行、餐廳及旅館建築，酒館的龍型裝飾是仿大理石材質製成，細節的呈現也相當用心，諸如屋簷排水設備、隔板以及表演活動海報（主題包括戰爭歷史、海盜、西部牛仔等）……室內樓梯則通往設有床鋪和窗簾的房間，附有浴缸的浴室，一整排內有家具擺設的房間，眼前就是一間撞球室。至於歐洲「城鎮」裡甚至還有英國風格的中學校園，裡頭有一座帕拉第奧式（Palladianisme）建築風格的回力球場與紅磚建築，宿舍房間和教室也都一應俱全。在山丘側面散落著十二棟瑞士木屋風格的別墅，一旁還有一間長老派教堂、一間餐廳及一間酒吧，拍攝團隊正在現場進行拍攝工作，打鬥的場面重拍了十次，很可惜我們不能為此耽擱行程，因為還有一部電影等著我們欣賞……

克洛漢和我在電影院就座，身體陷入天鵝絨沙發座椅，投影工程師消失在光束後方，開始運作機器。播出的電影完全沒有字幕，情節含糊不清，這是來自於電影膠卷的顛倒錯置，還是純粹是前衛的電影剪接手法就不得而知了。這是一部間諜電影，金日成大學校園內兩位學生在長凳上談情說愛，幾年後兩人都成為極為傑出的科學家，在極機密的實驗室重逢。男主角成為大教授，他最小的弟弟卻是間諜，負責販賣情報給日本人（這位教授留著平頭，有著完美的眉型，膚色蒼白）。片中的日本人臉上總是帶著一絲冷笑，手段殘忍，從未踏出他們的雪佛蘭座車。這位間諜想辦法從他哥哥身上偷取即將顛覆世界秩序的北韓最新發現（這項新發現被歸納成幾則公式，謄寫在幾張紙上，放置在一個箱子裡，長方形的外觀讓人聯想起情趣用品），而這項研究正是年輕的女研究員發現的（她有著一雙水汪汪的大眼睛、櫻桃小口、襯衫緊緊裹住嬌美的身軀，讓人注意到美好的胸型）……她感到有些遲疑，兩人之間至少有三十通電話往來（電話聲響總是相當尖銳，話機是塑料製成的，電話線是螺旋狀），廣場前無數次的會面，鋪著方磚的實驗室，大老闆的辦公室（大老闆的髮型是平頭，玳瑁鏡框背後的眉毛總是亂七八糟），取景的街道正是我們十五分鐘前才經過的街景。女科學家沒辦法和盤托出實情，況且她的膽子太小，沒辦法向男主角坦白她心裡愛的是他；俊帥的男主角則看不出女主角的愛意，他點燃了香菸，襯衫袖口的鏈釦讓他看起來更加優雅。他的工作滿檔，對於自己的研究發現總是精益求精，已婚，但妻子什麼都不懂（總是一臉高傲不耐煩地站在冰箱旁），年邁的父親因病住院，病房的牆上掛著領導人的肖像，生病的父親躺在肖像下方的病床上，臉上露出無聊的表情；還有一個糾纏不休的弟弟總是圍著他問東問西，他心裡覺得很奇怪，都已經給他這麼多消息了，他究竟還想知道些什麼？這真是個進退兩難的窘境！年輕的女科學家應該要冒險挺身而出揭露事實嗎？如此一來，她的指導教授的名聲勢必被汙衊，他們兩人會因共謀罪名被送往勞改營。或者發揮正義的力量，剷除（未來的）小叔？或許主體思想的教化力量可以讓這位可怕的老弟改邪歸正？這的確是一個值得思量的發展方向……

總而言之，就是一部歹戲拖棚、沉悶無聊的片子，片尾「劇終」兩字在銀幕上跳出，我們走出電影院沐浴在陽光下，心情相當開心但也變得有些呆滯，發現周圍的布景剛剛全都出現在電影中，微風不斷吹拂著我們的臉龐。

金先生來迎接我們，他的臉頰就像兩顆摘下的過熟水果。我們向不知名的重要人士致意，沒有人知道他的身分究竟是電影工作者還是行政人員，他在靠近玻璃櫥窗的辦公大樓接待我們（我們既不知道他的大名，也不了解他的談話內容）。他臉型細長，身著正式服飾，緊緊握著我們的手，沒來由地向我們說明這部片拍得相當好。隨扈團的金先生們喝了一些乳清，這樣的場面深深打動他們，他們對自己隨機應變的臨場反應深感榮耀。

之後我們驅車離去，司機先是把車開到仿建的街道上，費了一番工夫才找到真正的出口，再次經過檢查崗哨。這些仿建的道路似假非真，路上沒有太多車輛，十字路口有警察監視，每個號誌燈都熄了，整齊的人行道上沒有行人，身歷其境的人感受到這個空間的空洞和巨大，混凝土堆砌出虛無感，幾盞點綴的路燈給人絞刑架的感覺。與人類正常時光脫節的平壤城卻非常矛盾地到處熙來攘往、時間安排精準，卻像被搾乾一樣沒有熱情。我們就像是置身於一齣難看的電影中，每個人都是演員，但沒有真正的情節。

☀

班機預訂下午起飛，我們得加緊腳步了。金先生從昨晚開始就百般奉承討好，我開始對這位和我同齡的共產黨公務員稍微和顏悅色一些，儘管他還是堅守自己的政治信念，竭盡所能地追隨這個善於自我催眠的政權。送我們到機場之前，他將護照還給我們。這些便衣警察在停車場裡向我們簡短道別，沒有任何表情及情緒，只有一點點的興奮和焦躁不安。我們交換了（當然是假的）地址，很快地握手道別，之後塞給他們幾十歐元做為謝禮。他們相當恭敬地向我們行了九十度鞠躬禮。我很想扔掉他們致贈的商務包，裡頭有一雙襪子、兩件襯衫和盥洗用品，但我擔心會得罪他們。克洛漢對待他們的態度小心謹慎多了，還答應寄一些法文書給他們，只不過他們真的收得到嗎？

好啦，至少這趟旅程進展順利，沒什麼太大的阻礙。我獲得了寫作的題材，從頭到尾也沒有人起疑心，儘管最後我是大膽地這麼相信，但心頭總有件事擱著——我再也不會回到這裡，再也見不著三位金先生。他們並不是壞人，繼續在這個充斥著苛責教條和嚴刑拷打的國家生活著，要不是為了接待我們，他們也不會有這些煩惱和麻煩……

儘管如此，當我們一踏進海關，進入國際管制區（四面落地窗的房間，裡頭還有四十張加熱按摩椅），感覺好像自無重力環境抽離出來，突然之間抽離了必須不斷向前的速度，離開了集體的時間表，更棒的是不再有隨時跟前跟後的便衣隨扈。無意之間我發現自己居然開始相當自在地閒逛起來，看看這裡，逛逛那裡，發現這個航站大廈相當精巧，看起來像是一個臨時更改用途的巴士站。我感覺自己好似卸下所有面具，戲碼已結束，現在反而想逛逛紀念品店，購買印有金正日頭像的T恤、帶著焰形裝飾旗的主體思想塔造型磁鐵，以及展現他智慧話語的旗幟。

待會兒就要上飛機了，停機坪裡只有一架飛機，那正是我們的班機。

開往北京的中國航空波音客機滑行至跑道盡頭後起飛，空蕩蕩的機艙裡只有三十五位乘客，機艙舷窗外引擎的轟鳴聲聽來格外悅耳，平壤灰色的大方塊逐漸變得模糊，大同江也消失在丘陵中，眼前再也不會出現汙泥蛇形管了。

稍微調整飛行角度後，機體沒入了天空，飛行在雲層之上，雲堆裡還曇花一現地出現了薄紗似的城堡。我們終於離開了北韓，忘卻了曾經在下方的土地拉車上千公里，反而是心中曾經有過的大小恐懼又在眼前重演，害怕很多事情會真的出現在眼前。我冒了險嗎？還是我讓自己冒了更多風險？我的侷促不安到了什麼程度？我又被監視到什麼樣的程度？我們再也不是之前的自己，不論情況是好是壞，我也只能接受。飛翔吧，向前吧，總之我們自由了，可以在這個全速前進的機艙中鼾睡。我閉上雙眼，任由時間控制一切，讓自己消逝在時光中，將我帶往其他地方。我狼吞虎嚥地吞下拌上糖醋醬的雞肉料理，配上一瓶玫瑰酒，身體有股燥熱漸漸湧現，我的思路開始變得遲鈍。克洛漢攤開《每日中國》，報紙放在他的膝蓋上，看起來像是毛毯一般，他已進入了夢鄉。一股沉重的睡意也向我襲來，我像是一顆石頭沉入深邃的大海沉沉睡去。經歷這次旅程的我，究竟是該面帶笑容，還是該放聲大哭？

（全文結束）

國家圖書館出版品預行編目（CIP）資料

平壤冷麵：一位法國記者暗訪北韓的見聞紀實 / 尚一路加.葛達廉（Jean-Luc Coatalem）著；睿容, 王書芬譯. -- 初版. -- 臺北市：商周出版：家庭傳媒城邦分公司發行, 2014.07
面；　公分. --（漫遊歷史；12）
譯自：Nouilles froides à Pyongyang : récit de voyage
ISBN 978-986-272-612-9（平裝）

1.報導文學 2.北韓
732.28　　103010244

漫遊歷史 12

平壤冷麵：一位法國記者暗訪北韓的見聞紀實

作　　者／尚一路加．葛達廉（Jean-Luc Coatalem）
譯　　者／睿容、王書芬
編輯協力／陳青嬬
責任編輯／余筱嵐、羅珮芳
企畫選書／余筱嵐

版　　權／林心紅
行銷業務／闕睿甫、黃崇華
總 編 輯／黃靖卉
總 經 理／彭之琬
發 行 人／何飛鵬
法律顧問／元禾法律事務所王子文律師
出　　版／商周出版
台北市104民生東路二段141號9樓
電話：（02） 25007008　傳眞：（02）25007759
E-mail：bwp.service@cite.com.tw
發　　行／英屬蓋曼群島商家庭傳媒股份有限公司城邦分公司
台北市中山區民生東路二段141號2樓
書虫客服服務專線：02-25007718；25007719
服務時間：週一至週五上午09:30-12:00；下午13:30-17:00
24小時傳眞專線：02-25001990；25001991
劃撥帳號：19863813；戶名：書虫股份有限公司
讀者服務信箱：service@readingclub.com.tw
城邦讀書花園：www.cite.com.tw
香港發行所／城邦（香港）出版集團
香港灣仔駱克道193號東超商業中心1F E-mail: hkcite@biznetvigator.com
電話：（852） 25086231　傳眞：（852） 25789337
馬新發行所／城邦（馬新）出版集團【Cite （M） Sdn Bhd】
41, Jalan Radin Anum, Bandar Baru Sri Petaling,
57000 Kuala Lumpur, Malaysia.
電話：（603） 90578822　傳眞：（603） 90576622
Email: cite@cite.com.my

封面設計／日央設計
內頁排版／立全電腦印前排版有限公司
印　　刷／中原造像股份有限公司
經　　銷／聯合發行股份有限公司
電話：(02)2917-8022　傳眞：(02)2911-0053
地址：新北市231新店區寶橋路235巷6弄6號2樓

■2014年7月3日初版
■2019年4月9日二版
定價320元

Printed in Taiwan

城邦讀書花園
www.cite.com.tw